香港非物質文化遺產系列

食盆

鍾寶賢　陳國成　著

目錄

附錄

鳴謝名單　　　221

封面圖片　　　223

第一章

導言

每逢過時過節，香港的各大酒樓、連鎖快餐店、西餐廳、酒店及茶餐廳等都會推出各式各樣的新菜式以吸引客人享用。其中在慶祝團聚的節日如中秋節、冬至及農曆新年等，有一款菜式特別受歡迎 —— 它就是盆菜。不少家庭都會全家團圓歡聚來度過節日，聚首在家裏共享盆菜。盆菜指的是一種以一木盆盛載多款菜餚的傳統雜燴菜式，[1]而吃盆菜這個行為被稱為「食盆」，它不但與食物有關，更與節慶、儀式和社會實踐有關，在圍村這種單一姓氏村落中，食盆更有圍坐而食、團結村民的意義，並且與祖宗崇拜有莫大關係。在我們的印象中，食盆好像一向都是香港的飲食傳統，只要到了節慶，盆菜就會出現在家家戶戶的餐桌上。

然而，食盆只是在近二三十年才成為香港的普及飲食文化。在 1980 年代之前，生活在城市的香港人甚少接觸盆菜，甚至連「盆菜」這一詞彙也聞所未聞。在過去，食盆只是新界鄉村的飲食習俗，尤其是圍村的飲食傳統；即使在鄉村，盆菜也並非日常的食物，而是節慶的宴會美食 —— 這些節慶日子也不是傳統節日，而是嫁娶、祭祀、添丁「點燈」、打醮等對該條村落富有獨特意義的日子，因此食盆是香港地方宗族之傳統習俗重要一環。香港的圍村大多為單一姓氏村落，強調祖先崇拜，故此會興建宗祠來紀念祖宗的事跡，並在特定日子進行祭祀以祈求祖宗庇蔭，同時在結婚、添丁時在宗祠附近設宴以告知祖宗有新成員的加入，而食盆往往在其中扮演重要角色，為村落社區發揮特殊的功能，其主要功能有以下四點：

---

1 〈盆菜〉，香港非物質文化遺產資料庫，https://www.hkichdb.gov.hk/zht/item.html?231fddfa-0e97-462e-a17f-4c01bbcb2e80，瀏覽日期：2024 年 4 月 18 日。

1. 作為一個讓村民在祖宗面前聚首一堂的媒介，建立宗族意識及身份認同。
2. 紀念祖宗並祈求其庇蔭。
3. 確認新婚新人及剛出生的孩子在宗族的身份。
4. 打破等級制度，代表中國社會平等的一面。

另一方面，過去一直是鄉村祭祀儀式宴會食物的盆菜，在近年一直普及，至現今成為香港常見節日食品的過程，體現了香港近 20 年來城鄉間的互動，深刻地見證了香港社會的變遷。

由於昔日的新界尚未發展，加上當地的交通網絡未完善，香港的城市人甚少接觸鄉村的習俗，故食盆一直未有機會成為香港主流的飲食文化。

直至 1980 年代，本地一日遊的興起、[2] 18 區區議會的成立，加上元朗屏山文物徑的設置，盆菜這種「鄉村食品」逐漸進入主流社會的視野。居於屏山的知名時裝設計師鄧達智，在 1996 年香港回歸前的最後一個除夕夜，於屏山祠堂舉辦的盆菜宴更是把盆菜推至一個更受矚目的位置。這場盆菜宴異常盛大，之後旅遊業議會開始推出盆菜宴會吸引旅客，各大食店也開始推出以盆菜為名的不同產品，政府、東華

2　政府在 1970 年代末開始推廣本地旅遊，例如建立郊野公園遠足路線，及提供旅遊指南或小冊子。一日旅遊團的興起也吸引了不少本地人到香港其他地區旅遊。見阮志：《從荒岩到東方之珠 —— 形塑香港的旅遊文化史》（香港：三聯書店，2021），頁 22-29；蔡思行：〈舊香港旅遊指南對旅業發展的啟示〉，《信報財經新聞》，2023 年 2 月 7 日。

三院等大型機構亦會在舉辦慈善宴會時設盆菜宴，使食盆逐漸成為香港主流的飲食文化。

於特別場合烹煮盆菜以饗族人的行為，在新界村落中被稱為「食盆」。食盆作為一項於鄉村傳承多年，且發揮著重要社會功能的飲食文化，同時也是香港珍貴的非物質文化遺產。

2003 年，聯合國教育、科學及文化組織大會通過《保護非物質文化遺產公約》（《公約》）。2004 年 8 月，中國加入《公約》，隨後的 12 月，香港特別行政區政府緊隨中央政府加入《公約》。[3]

非物質文化遺產是指各社區、群體，有時是個人，視為其文化遺產組成部分的各種社會實踐、觀念表述、表現形式、知識、技能以及相關的工具、實物、手工藝品和文化場所。這種非物質文化遺產世代相傳，在各社區和群體適應周圍環境以及與自然和歷史的互動中，被不斷地再創造，為這些社區和群體提供認同感及持續感，從而增強對文化多樣性和人類創造力的尊重。據《公約》的定義，非物質文化遺產是指以下五方面：[4]

3　鍾寶賢、郭錦洲：《香港非物質文化遺產系列：中秋節 —— 薄扶林舞火龍》（香港：中華書局，2023），頁 18。
4　"Text of the Convention for the Safeguarding of the Intangible Cultural Heritage," UNESCO, https://ich.unesco.org/en/convention, accessed Sep. 10, 2023.

1. 口頭傳統和表現形式，包括作為非物質文化遺產媒介的語言。
2. 表演藝術。
3. 社會實踐、儀式及節慶活動。
4. 有關自然界和宇宙的知識和實踐。
5. 傳統手工藝。

2014 年，香港特別行政區政府公佈首份「香港非物質文化遺產清單」，包含項目共 480 項，而「食盆」獲列入清單，屬於「社會實踐、儀式、節慶活動」範疇的項目。[5] 2017 年，「食盆」被列入香港首份「香港非物質文化遺產代表作名錄」，反映「食盆」是一項具高文化價值和急需保存的項目。[6] 2021 年，香港浸會大學歷史系獲非物質文化遺產資助計劃的「伙伴合作項目」資助，進行題為「儀式、食物與社區凝聚 —— 食盆故事」的研究並出版本書。

這項研究歷時三年，通過田野考察、口述歷史、文獻及照片回顧，整合當中的資料，追溯及研究食盆的歷史源流、社會功能、傳承和在當代的意義。

為深入了解食盆這個新界鄉村的習俗，研究團隊分別到訪元朗屏山、元朗廈村、粉嶺圍及沙田小瀝源村進行田野考察，近距離觀察及記錄了「食山頭」、丁酒、喜宴儀式中的煮盆、打盆及食盆過程，以充

---

5 〈盆菜〉，香港非物質文化遺產資料庫，https://www.hkichdb.gov.hk/zht/item.html?231fddfa-0e97-462e-a17f-4c01bbcb2e80，瀏覽日期：2023 年 8 月 30 日。
6 〈香港非物質文化遺產代表作名錄〉，非物質文化遺產辦事處，https://www.icho.hk/tc/web/icho/the_representative_list_of_hkich.html，瀏覽日期：2023 年 8 月 30 日。

圖1　1950 至 1960 年代上水「食山頭」前煮盆的照片（圖片來源：香港歷史博物館藏品，香港特別行政區政府准予複製）

分反映盆菜在這些儀式中的具體作用。與此同時，研究團隊也訪問了多位村民和煮盆師傅，村民談及「食山頭」的原因及儀式的今昔改變，煮盆師傅則講述煮盆方法、食材及傳承等，這些口述資料為團隊提供了研究的許多切入點。

研究團隊也參考了多份舊報章、舊照片、舊雜誌及學術文獻，以追溯盆菜源起及普及化的原因，同時也探討盆菜的社會功能及其在不同時空下被賦予的意義，發掘食盆這項習俗背後的文化內涵。

本書分為五章，第一章為本章引言，主要介紹本研究計劃及讓讀者對食盆這項文化有基本的認識；第二章回顧過去多份研究食盆的學術文獻，揭示食盆背後所隱藏的社會功能，追溯盆菜的起源及普及，例如如何從一種鄉村的儀式食物演變成香港普及的節慶食物；第三章分述研究團隊於元朗屏山、元朗廈村、粉嶺圍及沙田小瀝源村的實地考察，深入了解需要食用盆菜的儀式，並闡釋儀式背後，食盆對於村

落的意義，以及其確認宗族成員及凝聚社群的功能；第四章則會探討
盆菜背後的社區結構、烹煮方法與食材的變化，並解釋另一項傳統習
俗「九大簋」與盆菜的關係，及討論食盆在不同時空下的意義。最後一
章，我們會總結本書的內容，並分享食盆這項非遺項目的承傳現況，
提出對香港非遺文化的思考和討論，希望引起更多讀者對食盆的關注
和興趣。

第二章

歷史源流與文獻回顧

食物不單單是人類賴以生存的必需品。人類獲得食物的過程在不斷地進化，從採集、狩獵，到定居耕作，食物的大量生產和商品化 —— 食物的獲得過程越趨簡單，也標誌著人類社會的架構越趨複雜。進食的目的也不再是單純地為了果腹，食物擁有了多樣的社會功能和象徵意義。在不同的社會裏，人們可享用的食物代表了地位的差異，其進食的禮儀也相異，由此形成了各社會獨有的飲食文化，這是人類理解社會和文化差異的重要指標。

　　中國傳統文獻中，一直有很多與食物或食俗相關的論述和描寫，例如《漢書・酈食其傳》「王者以民為天，而民以食為天」、《管子・牧民》「倉廩實而知禮節，衣食足而知榮辱」、《韓非子・定法》「謂之衣食孰急於人，則是不可一無也，皆養生之具也」等，這些說話都反映了中國人對糧食的重視。中國人把吃視為最基礎和最重要的東西，因此能否給予百姓溫飽，就是君王最首要的事情，故飲食可說是治國安邦的關鍵。在中國歷史上，皇帝向來在春耕前會率文武百官耕種，穀熟之時也會祭天祭祖，可見食物在中國人心中有著相當崇高的地位。

　　人類學家尤金・安德森（Eugene Anderson）曾指出「中國人使用食物來辨別族群、文化變遷、曆法與家庭事務，以及社會交往」，甚麼食物符合甚麼場合、怎樣吃，這些規則在舉行祭祀、婚嫁等儀式或重要場合便更為講究。《論語・鄉黨》記載：「祭於公，不宿肉；祭肉，不出三日，出三日，不食之矣。不語，寢不言。雖疏食菜羹，瓜祭，必齊如也。」《四書章句集注》對此解釋曰：「助祭於公，所得胙肉，歸即頒賜。不俟經宿者，不留神惠也。家之祭肉，則不過三日，皆以分賜。蓋過三日，則肉必敗，而人不食之，是褻鬼神之餘也。」意即參

加國君的祭祀所得來的胙肉，當天便應分送給人，不可留待至隔天；家祭的肉同樣應分送出去，並不可留過三天，若過了三天，肉便會腐壞，而人們不吃這些胙肉，便是褻瀆鬼神。《集注》又註：「食，音嗣。陸氏曰：『魯論瓜作必。』古人飲食，每種各出少許，置之豆閒之地，以祭先代始為飲食之人，不忘本也。齊，嚴敬貌。孔子雖薄物必祭，其祭必敬，聖人之誠也。」就算吃的是粗飯、菜湯、瓜類，吃前也宜先祭過祖先，並且要有敬意。由此可見，中國傳統祭祀對於飲食相當講究，它維繫且代表了社區甚至社會的架構，是人們交流的紐帶，故而食物是一種可以建立集體意識的媒介。

中國華南地區有著「宗族」這一特別的制度，它既是中國鄉村的社會組織，也是一個社區。其不僅透過血緣的紐帶凝聚了住在村落的人群，還以各式的禮儀把自己連繫到國家的權力核心，成為構成「中國」這個大而繁雜的概念之一部分。[1]宗族的譜牒讓族人追溯共同的祖先，強調血統和姓氏上的同源，藉此鞏固宗族結構。除此之外，祭祖、婚喪、添丁等儀式也是宗族群體間必不可少的維繫方式。不論是用來款待祖先、神明，還是賓客，這些禮儀必然會用到食物。而在香港，「盆菜」正是一個典型的例子。

盆菜在香港是圍村這類單一姓氏村落祭祀用的節慶食物，是代表社區關係的重要菜餚。從舉辦盆菜宴的過程、烹調方法、進食方式、進食場合等，都反映著香港鄉村儀式的運作和社區結構。例如，盆菜

1　科大衛著，卜永堅譯：《皇帝和祖宗：華南的國家與宗族》（南京：江蘇人民出版社，2010），頁3。

總是在宗族的春秋二祭、節慶等禮儀場合出現，是香港傳統儀式的主角之一。其中「食盆」——即「進食以（木）盆盛裝的食物」，[2] 這一獨特的飲食模式，正因為它具備豐富的社會功能和意義而被甄選為香港非物質文化遺產。[3]

接下來，本文將首先回顧相關文獻，簡要介紹盆菜及其源流，並指出盆菜在香港鄉村中的地位；接著通過文獻、報刊和紀錄片等資料，分析食盆在過去和現在的社會功能和象徵意義，包括團結社區和確認宗族成員身份等。盆菜的材料選擇和進食方式體現了村民、階級之間的平等，體現了中國「合食制」這個飲食文化。中國社會行合食制的歷史不如分食制般長久，有研究指出合食制是在宋代才開始發展起來，過去在各種祭祀活動和宴會上，人們嚴格遵循分食制度，按照等級享用不同的食物。到了唐代中期，隨著社會經濟的繁榮和文化交流的擴大，家庭式的合桌會食開始出現，這種共享食物的方式打破了過去嚴格的分食制度，使得家庭成員之間的感情更加融洽。北宋以來，美食從豪門貴族宅第走入尋常百姓家中，並以合食的方式進餐，自此以後中國人多喜歡在特殊日子大擺筵席，形成一種作為禮物流動的「辦桌」文化，並將合食制發揮到了極致。[4] 以這樣平等的共食方式享用宴饌是宗族團結的象徵，但能在餐桌上擁有平等社會地位的，只限於能夠

2　廖迪生：〈食盆與盆菜：非物質文化遺產脈絡中的香港鄉土菜〉，載財團法人中華飲食文化基金會編：《食之承繼：飲食文化與無形文化資產》（台中：文化部文化資產局，2021），頁 180。

3　〈盆菜〉，香港非物質文化遺產資料庫，https://www.hkichdb.gov.hk/zht/item.html?231fddfa-0e97-462e-a17f-4c01bbcb2e80，瀏覽日期：2023 年 7 月 22 日。

4　林海聰：〈分餐與共食 —— 關於中國近代以來的漢族飲食風俗變革考論〉，《民俗研究》，2015 年第 1 期，頁 112–120。

出席盆菜宴的人 —— 過去村中的年輕男性和一般女性都無權出席盆菜宴，因此盆菜也能夠反映村中階級的權力分佈（詳情請看第四章）。同時，盆菜有確認宗族成員身份的作用，分出「我者」和「他者」，使宗族向心力更強。隨著 1997 年香港回歸祖國後，因為各種原因，盆菜開始在城市中變得更為普及，盆菜由鄉村的宴會食物變成香港人在喜慶團圓日子的必備食物，成為香港本土飲食文化代表之一。

文獻回顧

飲食人類學（Anthropology of food）探討飲食與環境、政治經濟全球化等不同人類社會行為的關係，並通過對食物生產和貿易以至餐桌禮儀等議題，探討其對文化身份和社會秩序的影響。對人類學家而言，食物就是一種語言，傳達了大量的訊息：吃甚麼？怎樣吃？誰提供？誰享用？透過這些問題來呈現地方社會的深層結構，例如通過人類的飲食習慣、食物生產及分配方式探討政治經濟上的價值觀、象徵符號和意義、集體記憶的建構等等。研究飲食文化的人類學家文思理（Sidney Mintz）指出全球化、消費主義、營養不良、食物安全等問題將為未來飲食文化的研究帶來挑戰，未來的研究方向需要更深入討論飲食文化的多樣性和複雜性，以及飲食文化對於人類社會和文化的影響和作用。[5]

5　Sidney W. Mintz and Christine M. Du Bois, "The Anthropology of Food and Eating," *Annual Review of Anthropology*, vol. 31 (2002), pp. 99–119; James L. Watson, "From the Common Pot: Feasting with Equals in Chinese Society," *Anthropos*, vol. 82, no. 4/6 (1987), pp. 389–401.

在 1980 年代,關於中國飲食文化的研究並不多,更遑論是香港的飲食文化研究。最早就盆菜進行考察研究的應是人類學家華琛(James L. Watson),他發表了至少兩篇專題論文討論這個話題。華琛關注華南地方社會,在香港新界的農村社區進行了長期的田野考察,研究當地的宗族文化。食盆作為當地農村在祭祀和一般禮儀如婚宴時的飲食方式,自然引起了他的注意,從肉類的選擇到宴會的繁簡,再到食物與社會等級的關係,都是華琛所關注的重點。[6] 他在 1987 年發表的文章〈同吃一盆菜:中國社會的平等宴會〉("From the Common Pot: Feasting with Equals in Chinese Society")記錄了他 1960 至 1970 年代在元朗新田文氏宗族進行的田野考察。他認為「食盆」是一種「特別的共同進食模式」,[7] 它擁有幾個社會功能:打破等級制度、代表中國社會的平等,以及確定族人和不同族群之間的界限。吃盆菜的人享有平等的社會地位,體現於所有食物都放在同一個盆子裏,人們進食時也沒有必須遵守的餐桌禮儀和規矩,故每一位客人都受到平等對待;不過要注意的是,現實中這並不平等,因為能在餐桌上享有平等社會地位的只限於能夠出席盆菜宴的人,而過去村中的年輕男性和一般女性都無權參與盆菜宴。另一方面,盆菜有助社區成員保持社區內的凝聚力及身份認同。除此之外,食盆也是婚禮、添丁等儀式的重要一環,通過邀請宗族成員出席宴席以表示對新成員的接納。

6　華琛:〈同吃一盆菜:中國社會中的平等宴會〉,載華琛、華若璧著,張婉麗、盛思維譯:《鄉土香港 —— 新界的政治、性別及禮儀》(香港:香港中文大學出版社,2011),頁 84–97;James L. Watson, "Meat: A Cultural Biography in (South) China," in *Food Consumption in Global Perspective: Essays in the Anthropology of Food in Honour of Jack Goody*, eds. Jakob A. Klein and Anne Murcott (London: Palgrave Macmillan, 2014), pp. 25–44;James L. Watson, "Pigs from the Ancestors: Cantonese Ancestral Rites, Long-term Change, and the Family Revolution" (unpublished essay, 2022)。

7　華琛:〈同吃一盆菜〉,頁 86。

　　華琛察覺到食盆文化與一般的中國飲食方式截然不同。盆菜的特點是把所有食物混在一起，通常以混和方式處理之食物，是提供給軍隊、學校或者工作單位的，但他所體驗的盆菜卻不同：（1）盆菜不是日常食物，而是宴會菜餚；（2）各種材料先分開煮熟，到將要進食前才一層一層地疊在一起。從以上的觀察，華琛提出了以下的問題：在戰前，食材內有豬肉的盆菜是奢侈品，所以參與宴會的人都會把食物全吃清光，但在戰後隨著社會變得富庶，日常飲食又常會剩下食物，那為何村民仍不放棄食盆這個傳統？他的答案是：盆菜並不只是食物而已，這種菜式及進食方式更具有一種社會意義。言下之意，即是村民舉行食盆並不是單純為了吃肉，而是在有意無意之間達到一些社會功能，而表達宗族成員平等便是功能之一。

　　這種功能如何展現呢？華琛在文章中強調不是看村民吃甚麼，而是怎樣吃，他看到村民食盆的方式可以說是「一反常態」。在廣東宴會，進食步驟是分等級的，例如客人先吃，主人跟隨；長輩先吃，晚輩跟隨；血親、親人官員先吃，普通人跟隨；有錢人先吃，然後是窮人。但在食盆時，富人和窮人都圍在一起吃盆菜，也沒有甚麼先後次序可言，不用跟主人家打招呼，人齊便吃，吃完便走。但華琛同時強調，不是任何人也可以來一同吃盆菜，受邀者通常是與主人家有某種社會或血緣關係，又或是官員、警員等賓客，主辦盆菜宴的多是說粵語的本地村民，而他們認為盆菜是屬於他們的文化，並非其他族群如客家人或水上人的食物。就正如文章副標題「中國社會的平等宴會」，食盆具有一種社會功能，象徵性地分辨出誰是社區成員而誰不是。通過大家一同吃盆菜，彼此承認對方是具有平等地位的社區成員。

社區成員平等這個觀點在華琛另一篇文章有進一步的闡釋。他在 2014 年發表的文章 "Meat: A Cultural Biography in (South) China" 中提到，分享食物是儀式的一部分。在新界村落拜祭祖先會有「太公分豬肉」這項活動：宗族成員都有權利分享祖先嘗產所帶來的利益，其中一項便是豬肉。但這種分享在不同成員之間往往是不平等的，有些成員會分得多些，有些會分得少些。盆菜的食材主要也是豬肉，但與「太公分豬肉」不同，盆菜的分享方式往往是平等的。盆菜宴通常發揮出一種把事物合法化的功能，例如確認新娘從她成長的家庭，轉移至新郎之家庭 —— 宗族成員裏一員的合法地位；嬰孩出生後 30 日會舉辦滿月宴，肯定他成為宗族的成員和族產的受益人；村中男性會獲選來守護社區，每年農曆正月都會為這批新挑選的男性舉辦食盆宴，宴會過後這批男丁便成為自衛隊的一員，具有能夠為社區做事的權力和責任。社區內各戶人家都會派出一名成員作為代表參與盆菜宴，吃過盆菜後便代表該戶人家認同了主人家之目的，例如承認某家庭內多了一位新成員，又或是社區內某些人具有某種地位。換句話說，對主人家而言，他是要儘量多邀請社區內各戶的代表，但代表們身份的高低並不是重點。[8]

華琛視食盆為香港鄉村儀式的一部分，並把食盆放置在華南農村文化的脈絡中研究。另一方面，有食盆研究把重點聚焦於香港城市人，而非農村成員。人類學家司馬約瑟芬（Josephine Smart）的焦

---

8   Watson, "Meat: A Cultural Biography in (South) China," pp. 25–44.

點便沒有落在新界的村民身上，而在香港城市人身上。[9] 在 1960、1970
年代，不要說參與，就是「食盆」這個詞語，也只有很少香港城市人
聽過。在隨後的日子，即使盆菜在市區逐漸普及，但因為盆菜的進食
方式是各人用筷子直接在盆內尋找美味的食物，故被城市人認為是不
禮貌和不衛生的。她認為盆菜既然有這種負面形象，那為何可以在城
市人中普及且熱潮不衰？她解釋這種現象與香港人面對 1997 年回歸所
產生的身份認同危機有關。

　　身份認同是指個人對自己所屬社會群體的認同感，通常建基於個
人對於國家、宗教、性別、階層、文化等元素上；身份認同是個人認
識自己、認同自己的過程，同時也是個人與社會互動、獲得認可的重
要基礎；一個人的身份認同並非恆久不變，反而會隨著個人遭遇、政
治社會及環境的變化而有所改變。香港是一個移民城市，人們的身份
認同相當複雜，但一般認為大多數新移民在移民初期並沒有把自己視
為香港人，而多會以華人或其籍貫作為身份認同。然而，隨著內地及
香港兩地經濟差異變大，尤其是 1970 年代在港督麥理浩（Murray
MacLehose）領導下的黃金十年，香港迎來了巨大的經濟發展，新移
民的難民心態漸漸褪色，他們開始認同以香港為家。而在面臨 1997 年
香港回歸祖國之際，香港人開始困惑於身份認同。當面對這麼大的轉
變時，香港人因為憂慮過往的生活方式、社會制度能否維持而產生了
身份認同的危機。而盆菜這種新界鄉村食品，便被借用作籠統的香港

9　Josephine Smart, "Cognac and Pool-choi 盆菜 : A Social History of the Invention
of Hong Kong Tradition in Festive Food Culture," in *The Proceedings of The 9th
Symposium on Chinese Dietary Culture*（第九屆中華飲食文化學術研討會論文集）
(Tainan: Foundation of Chinese Dietary Culture, 2006), pp. 27–60.

圖 2　2004 年連鎖快餐店的盆菜廣告（© 陳國成）

身份象徵。1997 年間，各個組織相繼舉辦盆菜宴來慶祝香港回歸祖國，[10] 一部分人視盆菜為一種「本土」食品。但對於大部分在城市長大的香港人來說，他們未曾吃過盆菜，也只是透過傳媒認識盆菜，他們印象中的盆菜是新界農村的食品，因此要他們相信盆菜能夠代表香港的「本土」，他們也只能一笑置之。但不論他們對於「盆菜是香港『本土』的代表」認同與否，他們對盆菜的認識逐漸增多，卻是不爭的事實。

1997 年之後，大型飲食集團旗下的餐室紛紛售賣起盆菜（圖2）。[11] 大眾傳媒也宣傳盆菜是香港的「本土」食品，而對於一般都市中產家庭而言，他們清楚知道自己並非新界鄉村人，盆菜也並非他們的日常食物，只是當他們的家傭在星期日或公眾假期放假，沒有人煮食

10　譚潔儀：《港人港菜：15 道港菜背後的香港故事》（香港：萬里機構，2017），頁 21-
　　22；鄧聯興師傅訪問稿，2022 年 10 月 9 日；〈八鄉盆菜宴迎回歸〉，《文匯報》，1997 年
　　4 月 28 日；〈鄉局 70 大慶辦萬人盆菜宴〉，《文匯報》，1996 年 10 月 20 日。
11　〈冬令中西美食精選　美麗華東西宮呈獻〉，《大公報》，2001 年 1 月 4 日；〈快餐店推賀
　　年中菜外賣〉，《大公報》，2001 年 1 月 10 日；〈大家樂創新口味「龍蝦大盆菜」〉，《明
　　報》，2001 年 1 月 14 日。

而需要買外賣回家享用的時候，盆菜便是他們其中一項便利的選擇。
商業化和市場取向使盆菜在香港社會變得普遍。[12]

　　對於盆菜在鄉村及城市的功能，人類學者陳蒨（Selina Chan）的
文章 "Food, Memories, and Identities in Hong Kong"（〈食物、
回憶與身份在香港〉）[13] 則以身份政治的角度作解釋。她分析盆菜在不同
階段對於香港不同族群身份的建構過程中所扮演的角色，認為在 1970
年代盆菜只是新界廣東族群村落宴會的常見菜式，在其他香港族群如
客家人、蜑家人當中並不常見，而且與現今盆菜通常在華人喜慶節日
作為象徵團圓意味的食物不同。一般來說，盆菜在 1970 年代只會在婚
宴、滿月宴等人生重要階段的日子才會成為宴會的菜式，陳蒨引用華
琛的論文說明新界廣東族群通過盆菜把自己與其他族群區分，並指出
早期的盆菜代表了新界原居民的本地身份及華人身份。雖然盆菜的起
源眾說紛紜，但村民一般認為盆菜的起源與宋帝昺或乾隆帝有關，透
過把盆菜起源與皇權連結，目的是將盆菜塑造成一種「正當的宴會食
物」，以此顯示盆菜屬於正當且傳統的中國食物。盆菜原是農村地區的
一種低成本菜餚，因為那個時代外出用餐是一種奢侈，而盆菜則是一
種經濟實惠的自製食品。不同的傳說描述了盆菜與權力中心之間的聯
繫，反映了南方農村地區的低端飲食是如何通過皇權代表的授權而提
升地位。盆菜宴會的共同食用方式和親屬參與等傳統儀式，一方面展

12　Smart, "Cognac and Pool-choi," pp. 27–60.
13　Selina Ching Chan, "Food, Memories, and Identities in Hong Kong," *Global Studies in Culture and Power*, vol. 17, no. 2–3 (2010), pp. 204–227.

示了中國文化的特徵，另一方面違反了中國傳統文化的階級關係，體現了想像中的社會平等。

1970 年代之後，隨著新界開始城市化，新界原居民也逐漸離開村落尋找工作，一些則到了海外工作，這些離鄉的舊村民對於村落過去共同、簡單和接近自然的生活感到懷念，並對現實產生不安，從而引起「鄉愁感」。在這情況下，盆菜便成為了一個象徵，以此追憶過去共同的生活，成為新界居民過去生活方式的懷舊象徵。盆菜有助於維護他們族群的凝聚力和身份認同，對已遷徙到城市及海外的新界居民來說，盆菜可以幫助他們重新定位自己的身份和文化根源，並與其他華人社區建立聯繫。因此，盆菜從一種出現於鄉村的傳統食物逐漸變成一種更普及的美食。

在 1990 年代以後，盆菜進一步從新界居民的傳統食物變成整體香港人的普及美食，更成為了香港集體文化的一部分。陳蒨認為這個現象是基於 1997 年香港人對於回歸的不安和恐懼，及面對香港經濟不景而出現的回應。不安和恐懼導致香港人陷於集體的鄉愁感，從而擁抱著過去，這種懷舊情緒引發香港人對本地傳統及文化的關注。媒體、社會組織、企業在其中也扮演了關鍵的角色，他們把盆菜重新建構成一種時尚、普及的傳統「香港」美食，構成香港人想像中過去的一部分。歷史學家艾瑞克・霍布斯邦（Eric Hobsbawm）在他的著作 *The Invention of Tradition*（《被發明的傳統》）中指出，許多傳統並非古老且不變的，而是會跟隨政治和社會環境而不斷被創造和重新發明。例如蘇格蘭高地文化被視為是蘇格蘭最古老、最原始的文化之一，然而許多高地文化的傳統實際上是在近代才被創造出來的，如蘇格蘭裙子

（kilt）的設計是在 18 世紀被創造，而高地舞蹈的設計和編排則是在 19 世紀初期才開始出現。這些傳統被創造出來，目的是為了幫助高地人在 19 世紀蘇格蘭獨立運動中，保持和鞏固自己的文化身份。[14]

政治學和史學家班納迪克・安德森（Benedict Anderson）在著作 *Imagined Communities: Reflections on the Origin and Spread of Nationalism*（《想像的共同體：民族主義的起源與擴散》）提出了「想像的共同體」這個概念。「想像的共同體」指在現代國家的形成過程中，人們開始認同自己屬於一個特定的社群，這個社群的存在是基於人們對於共同的文化、歷史和身份認同的想像，而非實際上的接觸或交流。[15] 時至今日，盆菜被視為香港人的傳統飲食文化，過時過節就會吃盆菜以象徵團圓，然而盆菜在過往只是圍村人的傳統，但在媒體、商家的渲染下，盆菜被「創造」成為香港人的傳統，並建構了過去的香港人在大時大節都會吃盆菜的想像，因而食盆成為了「香港人」這個共同體的共同傳統。盆菜也從傳統新界鄉村宴會食物，變成新界居民的集體回憶，再演變成香港人每逢佳節團圓時所享用的一種普及的美食。

上文提到的陳蒨的文章也探討了盆菜在香港身份和文化的地位，指出盆菜地位的轉變反映了香港人身份的多元性和複雜性，隨著社會環境的變化，盆菜的意義及象徵也有所變化 —— 盆菜最先是用來肯定和維護新界原居民的身份，其後被當作香港的文化標誌及象徵。文章

14　E. J. Hobsbawm and T. O. Ranger, eds., *The Invention of Tradition* (Cambridge: Cambridge University Press, 1992).

15　Benedict Anderson, *Imagined Communities: Reflections on the Origin and Spread of Nationalism*, revised ed. (London: Verso, 1991).

最後更指出，盆菜的真正起源已經不再重要，因為盆菜已被重新建構成香港傳統文化的一部分，成為香港人身份的一種想像，也成為一種代表香港家庭團圓的美食。

有別於陳蒨聚焦身份政治與盆菜的關係，人類學者陳國成則強調盆菜的傳承與變化，尤其是消費社會下的混雜性及多樣性。在 "Traditionality and Hybridity: A Village Cuisine in Metropolitan Hong Kong"（〈傳統性與混雜性：都會香港的鄉村美食〉）一文中，[16] 他指出盆菜是文化混雜的典型例子，即東方、西方、傳統、現代、高級、鄉村、城市的混合物。盆菜在市場化、商品化及消費文化的影響下，從鄉村的傳統菜餚演變成包含全球進口食材及現代消費觀念的商業美食。傳統盆菜不論在形式或食材上都與現代的商業盆菜有明顯的差異。傳統盆菜蘊含著宗教、文化、儀式的意義，而現代商業盆菜則更著重潮流與方便性。盆菜的流行不但反映了香港社會的消費文化及社會環境的變遷，更反映了全球化和媒體的影響。

陳國成指出盆菜本是香港鄉村原居民的傳統菜餚，通常在宗教儀式、傳統節日、特殊場合才會作為宴會菜餚被享用。人們通常在村落的公共場所食用盆菜，體現了公共飲食文化；過往盆菜主要由多種廉價、普通並且常見的食材組成，其製作也不需要專業廚師烹調，只需要村民共同合作便可以製成。在 1980 年代之前，大多數香港人對於新界原居民的飲食文化並不熟悉，相關的報道及交流可謂少之又少，

---

16 Kwok Shing Chan, "Traditionality and Hybridity: A Village Cuisine in Metropolitan Hong Kong," *Visual Anthropology*, vol. 24, no. 1–2 (2011), pp. 171–188.

盆菜在主流社會中被視為鄉村、異國特色的菜餚,談不上城市生活的一部分。但是自 1980 年代起,18 區區議會的成立、屏山文物徑的開放及城鄉之間交通網絡的改善,導致城市居民接觸鄉村文化的機率大增,再加上報章、雜誌、電視、電台節目的廣泛報道及宣傳,盆菜開始受到城市居民的歡迎。與陳蒨把盆菜的普及追溯至人們因香港回歸所產生的不安而出現的鄉愁感不同,陳國成認為經濟不景導致香港市民在選擇節慶美食時會就價格作更大程度的衡量,而盆菜正正是一個廉價(人均消費不高)且方便的選擇,符合家庭所需。商家亦看準時機,不論是連鎖快餐店、高級中餐廳或高級酒店都相應地推出盆菜,並在中國傳統節日期間積極推廣,真正傳統家常圍村風味的盆菜只會在少數村民經營的地方得到強調,大多數廣告都在強調節慶期間盆菜代表團圓的意義,及對於繁忙的香港人所追求方便的實用價值。

文章中介紹了七種商業盆菜,分別是:標準化生產的速食盆菜、強調高級材料的豪華盆菜、貼合健康飲食需求的素食盆菜、符合海鮮愛好者的海鮮盆菜、把盆菜與不同國家菜式融合的大雜燴盆菜、主要在情人節由便利店、連鎖快餐店推出的迷你盆菜以及連鎖烘焙店推出的水果蛋糕盆菜。不同種類的盆菜反映香港作為一個消費社會,為了滿足不同消費者的需要,商家持續推出不同的盆菜款式。商業盆菜混雜了大量生產、商品化及創新的元素,正正是消費社會的典型例子,[17]

17　消費社會是一種社會結構,人們的生活方式、行為模式,甚至價值觀念,往往與消費行為密切相關。在消費社會裏,人們消費不僅僅是為了滿足基本的生活需求,消費行為常常與身份認同、社會地位和個人滿足感等因素相關,人們可能會購買某些產品以顯示他們的社會地位,或者達成某種生活方式。這種消費模式通常由廣告和媒體驅動,它們將特定的商品與特定的生活方式、價值概念或身份認同聯繫在一起。

更反映了現代資本主義社會中，消費活動對於日常生活和身份認同的重要性。商業盆菜的宣傳都在有意無意淡化了傳統盆菜在宗教、文化、歷史、儀式上的意義，讓其失去了本身所擁有的特殊性和獨特性；它僅僅在模仿傳統盆菜的形式和風格，成功推銷為一種時尚、流行的消費產品。盆菜的商品化反映了當代消費主義和全球化的大趨勢，這成功把這道鄉村傳統菜餚推廣至更廣泛的群體，同時卻也逐漸導致盆菜的文化、歷史意義，以及城鄉的差異性及特殊性消失。

最後，陳國成指出盆菜原本由本土的廉價食材構成，但現代商業盆菜的成分則包含來自世界各地的優質食材，顯示了全球食材的融合。現代盆菜儼然成為了像「飲茶」（到茶樓喝茶吃點心的白話）一樣普及的飲食方式，混合了各種進口及本土的成分，滿足了消費者不同的需要，使盆菜成為香港國際化現代都市的生活方式象徵。

同時，陳國成的另一篇文章 "Poonchoi: The Production and Popularity of a Rural Festive Cuisine in Urban and Modern Hong Kong"（〈盆菜：都市現代香港的鄉郊節日美食的生產及普及〉）則從食物生產角度來論證盆菜如何經由不同團體的改良，以滿足他們的利益和需要，促使盆菜成為香港飲食文化的一部分。[18]

18　Kwok Shing Chan, "Poonchoi: The Production and Popularity of a Rural Festive Cuisine in Urban and Modern Hong Kong," in *Food and Foodways in Asia: Resource, Tradition and Cooking*, eds. Sidney C. H. Cheung and Tan Chee-Beng (London: Routledge, 2007), pp. 171–188.

　　他在粉嶺彭氏宗族進行了多年的田野考察。在彭氏的祭祀儀式中，盆菜往往是慶祝社交和宗教活動的傳統項目，通常由各房的成員負責輪流協助烹煮盆菜。然而，從 1980 年代開始，一些成員的後裔不再擔任這個職責，他們遂聘請族中婦女幫忙籌辦。盆菜的食材包括豬肉、雞肉、時菜、豬皮、枝竹、魷魚、鱔魚。廚師主要以木柴作為燃料，以便更容易控制火力。主要調味料為黑胡椒、生薑、大蒜等。盆菜的食材煮好後會分別放入不同的盆子中，直到食用前才把它們混合。過去食盆只允許男性長者參與，食材也相對簡單，僅限於豬肉、醃菜、白蘿蔔等，因為肉類在過去屬奢侈品，所以享用這樣豐富的菜式是村內最被敬重的長者的專屬特權，可見村內長幼有序、重男輕女的傳統觀念。但是隨著香港經濟發展一日千里，村民收入增加，盆菜的菜式亦有所增加，越趨豐富，所有村民不論男女老少也被獲邀參與盆菜宴，盆菜宴便從長者的特權，發展成一個超越年齡、性別差異的聚會，這樣的做法有助提升村中成員的凝聚力。

　　綜合以上論述，目前盆菜已經成為香港普及飲食文化中的一員，是一種融合了多種食材、商業化的鄉村風味菜式（包裝成香港傳統村落的美食，然而事實上這些盆菜與圍村傳統盆菜已經相差甚遠）。現時市面上的盆菜種類繁多，價格也會因應不同的材料而有所不同，幾百元至幾千元不等，例如連鎖快餐店所推出的盆菜就相當便宜，甚至比村內的盆菜更為便宜。與村內的傳統盆菜不同，商業盆菜的製作標準化，價格便宜，使用的食材也不是傳統的廉價食材，而有很多外國進口的食材，因此現時市場上的盆菜已經不是鄉村風味，而是經過創造出來的新風味，迎合了人們對於多元化美食的需求。因應近年來人們

對食物安全及健康飲食的關注，盆菜在製作過程中也更重視衛生，並同時為素食的群體推出素食盆菜。

　　盆菜的生產及消費顯示了香港社會活動的變化。在祭祀活動中，盆菜反映了男女老少身份階級地位的差異 —— 雖然現今盆菜的食用變得更平等，但男性村民仍然主導宴會，故盆菜反映著祭祀活動中男性長者的特權地位。而對大部分香港人來說，盆菜已經成為了家庭團聚活動的象徵，通過大家共享一盆食物來維繫家人的關係。而隨著盆菜日益普及與商業化，盆菜獨有的文化意義逐漸被稀釋，不同的盆菜迎合著客戶的需要而出現。在過時過節，各大連鎖店都大肆宣傳盆菜，各家各戶都訂購盆菜作為應節美食，可見盆菜在香港的飲食文化中獲得了廣泛的承認，這些不同種類的盆菜已經成為香港這個都市的新飲食文化一部分。

　　另外，張展鴻的 "Consuming 'Low' Cuisine after Hong Kong's Handover: Village Banquets and Private Kitchens"（〈香港回歸後的低端美食消費：鄉村宴會與私房菜〉）一文，[19] 指出飲食習慣的變化往往是當地人民對於文化、經濟政治變化的回應。他以盆菜及私房菜兩項「底層美食」[20] 來展示原屬於邊緣、鄉村、日常和普通的飲食習慣如何通過人們對傳統的懷念、對於過去美好日子的想像而發展出它們的意義，並在香港飲食文化中獲得越來越高的地位。

19　Sidney C. H. Cheung, "Consuming 'Low' Cuisine after Hong Kong's Handover: Village Banquets and Private Kitchens," *Asian Studies Review*, vol. 29, no. 3 (2005), pp. 259–273.

20　作者指出所謂「底層美食」（"low" cuisine）是以廉價、普通和本地家庭風格烹飪為主。

　　因著 1997 年回歸，香港人對於文化歸屬感產生身份危機，於是人們通過盆菜和私房菜來探索他們的文化根源。盆菜原來是新界原居民在祭祖和婚宴宴會中準備的鄉村風味佳餚，在一個大盆中放置不同種類的菜餚製作而成，象徵了新界的家族血統社會結構；而私房菜則是小型的家常菜，一般在家庭氛圍下進食。

　　1990 年代以來，香港人對於尋找文化歸屬感的意欲越趨強烈，因此前往新界體驗鄉村傳統的旅遊需求增加。[21] 張展鴻指出香港不少商家、餐廳老闆都把鄉村風味的食物進行推廣，並將這些菜餚帶入商業領域，成為香港人日常餐飲文化的一部分；餐飲界也在電視節目、書籍中介紹不同鄉村的美食和烹飪方法，鼓勵觀眾、讀者通過食物去了解他們身為華人的根源，通過食物幫助香港人理解並想像過去的傳統和身份。而盆菜正正是一個典型的例子，透過這項香港文化遺產，幫助人們建立身份認同，並把香港與國家的過去通過想像聯繫在一起。

　　私房菜與盆菜同樣是一種底層美食，原本位於香港飲食文化的邊緣，卻因為社會文化的變遷而走向香港飲食文化的核心。私房菜強調指定的廚師或以特定的烹飪手法製作。在 1990 年代中期，私房菜漸受歡迎，高峰時期更有多達二百多家私房菜，加上旅遊指南及大眾媒體的渲染，私房菜受到外地旅客的關注。1990 年代後，私房菜開始價格不菲，大多數的食客或顧客為中產階級。私房菜之所以受歡迎，很大程度上是因為其營造家庭式料理的形象，反映了香港人心中渴望歸屬

21　張展鴻：〈從新界的圍村食盆到外賣盆菜〉，2017 年 1 月 14 日，自由評論網，https://talk.ltn.com.tw/article/breakingnews/1947451，瀏覽日期：2023 年 8 月 20 日。

感和在家中享受美食的需求。私房菜一般主打不同的廣東菜式，為港人提供一個以美食探索祖國的方式，並建立文化歸屬感，而私房菜的成功也驅使不同餐廳開始引入內地不同地區和省份的菜餚。

這反映了香港人對於文化歸屬感的渴望，及對於探索珠三角地區文化根源的好奇，而媒體的渲染及這些餐廳的聲譽也有助港人思索自己的文化傳統，因而發展成為香港的文化遺產。總而言之，盆菜和私房菜屬於底層美食，卻在香港文化和政治氣氛改變的時期，塑造了香港本地飲食文化和港人的身份認同。

近年不少本港學者繼續鑽研盆菜的象徵意義，例如人類學者廖迪生的〈食盆與盆菜：非物質文化遺產脈絡中的香港鄉土菜〉，[22] 他對這一習俗進行了全面的分析，從盆菜的社會結構、食材選擇、烹飪、社會功能到盆菜在香港的現況，印證了食盆這一習俗作為香港非物質文化遺產的重要意義。

首先，食盆是一種在資源匱乏的環境下發展出來的烹飪及宴會飲食文化。圍村宴會需要同時為數十以至數百人提供食物，為了克服大型宴會包含的一系列挑戰 —— 這些挑戰包括保持食品品質、擁有足夠的人力、獲得合適的場地和設備，以及管理支付成本等 —— 食盆便成為了一個最好的選擇。

22　廖迪生：〈食盆與盆菜〉，頁179-208。

　　過去，盆菜使用乾魷魚、蠔豉（牡蠣乾）、豬皮、冬菇和竹筍等乾貨食材，以及白蘿蔔等新鮮食材製作，而豬肉則是盆菜的核心食材。烹飪盆菜的次序是分別烹煮每種食材，輕輕調味，並把食材在盆中分層疊放，最上面放有紅燒豬肉。盆菜全年供應，包括春秋祭祖儀式、「點燈」、婚禮和其他場合。大型節日通常在農曆年底舉行，此時有足夠的人力，天氣也足夠冷，可以防止食物變質（過去冰箱並不普及）。參加者圍著盆子吃飯，用筷子挑選自己喜歡的食物。

　　然後，廖迪生把盆菜的社會功能與祭祖和宗族的父系繼承原則聯繫起來。宗族是以祖先的名義所領導的群體，目的是保護宗族成員的財產和利益。該組織強調祖先和後代之間的互惠關係，後人紀念祖先，並祈求祖先的庇佑。因此宗族以祖先的名義擁有宗族財產，建造祠堂作為崇拜和成員會議的場所。盆菜在祭祖儀式中也扮演著重要的角色。在春秋祭祖儀式期間，藉著舉辦盆菜宴會，大家一起圍盆吃飯，並向祖先獻祭，以維繫後代與祖先的關係。

　　在宗族組織中，財產根據父系繼承原則傳承，只有男性可以繼承財產和獲得在宗族中的權利。[23] 例如大部分的宗族財產是土地，其運作涉及以土地收入支付每年儀式費用，剩餘的收入再分配給男性後代。宗族的人口主要通過下一代的出生和媳婦的加入而增加。也如上文提及華琛的觀點，為了確認新成員，宗族在舉行「點燈」儀式和婚禮時

23　James L. Watson, "Chinese Kinship Reconsidered: Anthropological Perspectives on Historical Research," *China Quarterly*, no. 92 (Dec. 1982), pp. 589–622; Kwok Shing Chan, *A Localized Culture of Welfare: Entitlements, Stratification, and Identity in a Chinese Lineage Village* (Lanham: Lexington Books, 2012).

會舉辦盆菜宴會。每年農曆正月舉行的「點燈」儀式，新生男嬰兒的家庭都須參加，男孩的名字會被記錄在宗族家譜中成為新成員。新生兒男孩的家庭還會為宗族成員舉辦盆菜宴；當宗族中的男子結婚時，最重要的儀式是新娘向祖先敬獻，接著家庭舉行盆菜宴會。盆菜宴由此意味著接受或確認新成員，包括新生兒男孩和嫁進宗族的媳婦，說明了盆菜在維持宗族成員身份和加強宗族身份認同方面的作用。

再者，廖迪生指出盆菜有一個新的社會功能，便是逐漸成為香港地方文化和身份的象徵，在 1997 年回歸後對香港人起到了統一作用，這一論點與司馬約瑟芬的觀點大致相同。然而，他亦注意到盆菜傳統的變化，農村地區由於城市化而縮小，宗族人口也有所下降，盆菜在宗族組織中的功能逐漸模糊。回歸後，盆菜成為新界村民展示他們的團結的方式之一。在 1960 年代，盆菜僅供新界村民食用，但現在已成為香港的流行菜餚。儘管盆菜傳統已經因社會變革而轉變，但它仍然承載著香港的文化遺產並保留著其象徵意義。

盧惠玲在 2006 年對屏山鄧氏「食山頭」進行田野考察，[24] 並與張兆和整理了屏山的文獻，[25] 為我們提供了有關屏山歷史以及「食山頭」等習俗的重要資訊。〈祖蔭鄉情〉這篇論文記錄了屏山鄧族坑尾一房的秋祭儀式（前後共 16 天），包括祭祖的物品、地點、路線和儀式。在結

24　盧惠玲：〈祖蔭鄉情：香港新界元朗屏山鄧氏宗族「食山頭」個案研究〉，載廖迪生、盧惠玲編，鄧聖時輯：《風水與文物：香港新界屏山鄧氏稔灣祖墓搬遷事件文獻彙編》（香港：香港科技大學華南研究中心，2007），頁 29–52。
25　盧惠玲、張兆和編，鄧聖時輯：《書寫屏山：香港新界屏山鄧氏宗族表述本土歷史文化傳統文獻彙編》（香港：香港科技大學華南研究中心，2013），上冊。

論中，盧惠玲也同意食盆可以強化宗族成員之間的關係和他們的身份認同。在 1960 年代前，屏山鄧氏是聚族而居的，但自從政府在 1970 年代開始發展新界，大量農地被徵收，與此同時外國的農產品入口香港，導致本地農產品難以競爭，不少鄧氏宗族成員被迫放棄農地，離開圍村到市區尋覓工作。儘管經濟環境及社會變遷導致宗族成員分散各處，但祭祖活動（包括食盆），仍然是團結宗族的方式。屏山村民懷念從前的祭祖活動，宗族成員即使在離開圍村後，仍會熱衷參與祭祖活動。祭祖活動通常在農曆九月舉行，大家一起到不同的山頭拜祭祖先，建構宗族社會平等場景，維繫中國華南傳統和社會組織的作用。在「食山頭」中，司理、家長、村長等宗族領袖象徵性地摒棄自己在宗族的尊貴身份，與其他男女村民無分彼此的圍坐在山頭上享用盆菜宴，展示了社會平等和團結的精神。

盆菜是甚麼：傳說和源流

盆菜是指把不同食材放到一個大盆（例如木盆或不鏽鋼盆）裏食用的菜餚。不同食材在分開烹煮後，再依次放進盆裏，盆菜的材料會根據場合和需要而改變，但一般而言常見有蘿蔔、筍蝦（筍乾）、豬皮、枝竹（一種從豆漿表面提取出薄膜，經曬乾製成的食材）和豬肉等，種類相對簡單，以本地食材為主。吃盆菜在新界的稱謂是「食盆」。盆菜發展出多種形式，商業化的盆菜選料層出不窮。而本文特指香港鄉村舉行儀式時所食用的盆菜，有別於一般酒家提供的新式盆菜，也非分開上菜的「九大簋」。

圖 3　過去的盆菜多以木盆放置菜餚（圖片來源：香港文化博物館藏品，香港特別行政區政府准予複製）

圖 4　因為衛生問題，現時的盆菜多用不鏽鋼盆。攝於元朗輝記盆菜，2022 年 10 月 2 日。

　　有關盆菜的傳說眾說紛紜，具體出處已無法考究，但總結起來大體有以下兩個版本：第一個版本與南宋（1127–1279）滅亡的故事有關。參考屏山鄧氏族人鄧昆池及鄧黃文莊的說法，南宋末年（1279）元兵大舉南下，文天祥、陸秀夫及張世傑帶同宋端宗趙昰逃難，來到九龍灣。後來皇師向西移，來到了新界，狼狽非常，新界居民見到皇帝駕臨，便殷勤招待，但在倉促之間無法準備大量碗碟，於是用大木盆裝起自己僅有的食物來招待皇帝及其軍隊，成為今日的「盆菜」。[26] 亦有云落難到新界的是文天祥及其部隊，故事裏沒有皇帝。[27]

　　另外一個版本則大同小異，與清代（1636–1912）乾隆皇帝（愛新覺羅・弘曆）有關。華琛在新田文氏進行田野考察時訪問村民，村民說乾隆皇帝微服出巡來到廣東佛山，喬裝成農民的乾隆皇帝沒有錢，得到舉辦「九大簋」的廚師的款待，廚師翻炒宴會剩下的材料，然後裝到一個大碗裏供乾隆享用，餓極的乾隆覺得這是天下間最美味的食物，回宮後，下令以後宮廷的節慶節日都要煮這一道菜。[28]

26　鄧昆池、鄧黃文莊：〈愛國情懷話珍饈 —— 盆菜〉，載盧惠玲、張兆和編，鄧聖時輯：《書寫屏山》，上冊，頁 236–238。

27　薛興國：《再吃一碗文化》（香港：明窗出版社，2003），頁 1–2。

28　華琛：〈同吃一盆菜〉，頁 89。

　　以上兩個傳說的真確性無法考究，史書也沒有明確的記載，但兩個流傳下來的傳說無不強調盆菜這一平民食物得到了皇帝的認可。一向遠離朝廷的粵地竟然迎來了地位最高的皇帝，儘管新界村民招待皇帝的食物只是剩菜、平民食物，卻獲得了皇帝的青睞，透過食物把地方與皇權連結，顯示了地方意圖與中央權力建構的關係。除此之外，傳說還強調了盆菜的凝聚力和平等性，美味的盆菜把平民和皇帝連結起來，大家無分彼此地共同進食，亦無須遵從階級禮儀。

　　時至今日，盆菜是新界上水廖氏、粉嶺彭氏、新田文氏、元朗鄧氏等地方宗族最傳統的鄉村宴會菜，在嫁娶、祭祀、添丁「點燈」、打醮等場合中經常出現。香港圍村多半為單一姓氏村落，強調慎終追遠、父系繼承，祭祖多以家族、宗族形式舉行，因此圍村地區相當重視祖宗崇拜，其中盆菜在儀式中擔任了聯繫村落成員與祖先的重要角色，透過敬獻食物給祖先，再藉食用得到祖先祝福，從而得到祖先的庇佑，這同時也是讓後裔認識祖宗的重要途徑。[29] 以下將介紹幾項會以盆菜作為儀式食物的圍村活動：

1. **春秋二祭**：每年春分和秋分時節（或農曆四月及九月）於祠堂或祖先墓地定期舉行的祭祀儀式。「食山頭」是指拜祭祖先完畢後，再在祖先墓前享用盆菜的活動。祭祀儀式基本上由全村通力合作舉辦，但以往只有 61 歲以上的父老才可以食用儀式中的

29　廖迪生：〈食盆與盆菜〉，頁 179–208。

圖5　1950 至 1960 年代上水村「食山頭」的照片（圖片來源：香港歷史博物館藏品，香港特別行政區政府准予複製）

盆菜。[30] 由於昔日食材相對珍貴，因此食盆屬於村內位高權重者的特權，反映新界圍村階級權力的分明。

2. **點燈**：把村落新生男丁名字加進族譜的一項儀式，這個儀式的目的是向祖宗稟告新成員的加入，及確認新成員的地位。添丁的家庭需要為丁燈添油供奉祖先，接著便會準備盆菜宴以歡迎新成員。一般宗族內的所有家族代表（一般是男性長者）都會獲得邀請，由他們來承認新成員的地位。

3. **嫁娶**：嫁娶儀式有兩大意義，第一是代表祖宗接納新成員加入宗族，第二是確認新成員在宗族內的身份，因此嫁娶儀式通常在祠堂舉行，儀式包括向祖先叩拜及飲宴，而食盆就此成為儀式的一部分。

30　Kwok Shing Chan, "Poonchoi," p. 177.

圖 6　2022 年粉嶺圍進行點丁儀式的神棚，攝於 2022 年 2 月 4 日。

圖 7　2022 年沙田小瀝源村楊氏婚宴，攝於 2022 年 7 月 10 日。

圖 8 《華僑日報》有關盆菜的報道（圖片來源：《華僑日報》，
　　1962 年 4 月 8 日）

　　時至今日，盆菜已經成為香港的普及文化，幾乎在華人傳統團
聚的節日，特別是農曆新年及中秋節，都會看見一家老幼圍爐共食盆
菜，盆菜彷彿是香港人飲食生活中不可或缺的一部分。然而，盆菜過
去只是圍村食品，現時可見最早香港有關盆菜的報道，是 1962 年 4 月
8 日的《華僑日報》，當中的新界版印有一張眾人圍坐食盆的照片，旁
邊介紹：「十八鄉水蕉新村程族子孫，祭畢祖墳後，在村內大宴。」（圖
8）圖示：「桌上放有大盆菜者，族人正圍而大嚼，津津有味。」報道
清晰可見食盆正正是祭祖儀式的一部分，盆菜在這個時候還只是新界
圍村的祭祀儀式食物而已，並未成為香港的普及美食，而這個報道讓
盆菜首次呈現在普羅大眾眼前。

　　承上文提及，人類學家華琛在 1970 年代於香港的村落中進行田
野考察，並以新田村為主要研究對象，研究村落的飲食文化。他發現
村中遇上辦丁酒、更練團的宴席、喜宴等情況時，有一稱為「Sihk
Puhn」（「食盆」的音譯）的飲食習俗，村民會圍坐起來共吃一盆菜餚。

　　儘管華琛指出在 1970 年代已有「食盆」這叫法的記錄，但「食盆」
或「盆菜」這些稱呼在大眾間還未普及。查看 1980 年代的報道，1985
年 12 月 31 日《大公報》有一篇名為〈元朗一條村擺喜酒　宴後半數村

圖 9　新田村村民在祠堂舉辦宴席（© J. L. Watson）

圖 10　預備盆菜的工作（© J. L. Watson）

圖 11　預備分發的盆菜（© J. L. Watson）

圖 12　為食盆所預備的肥豬肉（© J. L. Watson）

圖 13　食材豐富的盆菜（© J. L. Watson）

人中毒〉的報道（圖 14），當中的「一品窩」是「按鄉例」，「將豬肉、牛肉、魚肉、蘿蔔、豬皮及枝竹等煮成一大窩，大家圍席而吃」。換句話說，即是盆菜，但從媒體所用的稱呼和描述，可見「盆菜」和「食盆」還未成為大眾間普遍通用的詞彙。至 1988 年，才見有報章用「吃盆」或「吃盆菜」等字眼，但內文都會描述盆菜是「一品窩」。

【本報訊】新界元朗一條村落發生罕見的集體食物中毒事件。該村前日有人在村內擺結婚喜酒，結果至昨日差不多有半村二百餘人參加，結果至昨日差不多有半村的人肚痛嘔吐和身體不適，要陸續到醫院求醫。至今日凌晨，要在瑪嘉烈醫院接受隔離觀察的人仍有四十名男女。

出事的是元朗屏山羅屋村一條姓鄧的村落。前日，該村一名叫鄧泉的村民（六十餘歲），在村內為其第三子年前在英國結婚而補擺結婚酒，筵開十二席，分早、晚兩輪，差不多全村二百多人均有參加。席上所吃的，都是按鄉例所煮的一品窩為主，將豬肉、牛肉、魚肉、蘿蔔、豬皮及枝竹等煮成一大窩，大家圍席而吃，吃得興高采烈。

但到昨日，開始有人感到身體不適、有些嘔吐、有些肚痛，有些發燒，於是由下午開始，村民便陸續到元朗

元朗一條村擺喜酒 宴後半數村人中毒

今晨仍有四十男女在醫院接受隔離觀察

出事原因疑與一品窩材料有關

圖14 〈元朗一條村擺喜酒　宴後半數村人中毒〉，《大公報》，1985 年 12 月 31 日。

盆菜的圍頭話叫「吃盆」，[31] 意思是食盆菜，1980 年代的報道大多把盆菜叫作「一品窩」，但及後媒體逐漸改變叫法，這有兩大原因。

第一個原因是本地一日遊的興起。元朗屏山及粉嶺龍躍頭文物徑的開放，讓更多城市人選擇在假日到新界旅遊，其間有機會接觸到圍村文化，而一般鄉村村民不會把盆菜叫作「一品窩」，盆菜這名字因而漸漸走入大眾視野。第二個原因是 1970 年代新市鎮的建立及其後 18 區區議會的成立，原來位處邊緣的圍村逐漸進入香港人視野，而鄉村文化也逐漸融入城市。雖然圍村的祭祀、點燈，以及食盆等文化原本所承載的意義並沒有傳達到城市，但是圍村的一些習俗形式卻成功融入社會，食盆便是其中之一。自區議會成立後，各區區議會皆嘗試推出不同的活動來突出該區的特色，例如〈推出傳統美食及盆菜　今年沙田節籌辦菊花展　並擬邀粵省紅線女參加〉（《華僑日報》，1989

31　盆的讀音為「pun2」，而非平日所讀的「pun4」。

年 3 月 6 日）[32] 及〈建立社區基礎居民打成一片　沙田節獲十萬人參與〉
（《華僑日報》，1990 年 1 月 15 日）。[33] 為了突出該區的特色，區議會採
用了鄉村傳統所用的「盆菜」這個名字而非「一品窩」，這也解釋了為
何媒體逐漸改變對盆菜的叫法。從〈社會開放元宵佳話不如前　新界
圍村仍保留傳統〉（《華僑日報》，1988 年 3 月 7 日）的報道可見，[34] 盆
菜乃圍村獨有食物，真真正正代表香港，由此可見，盆菜被視為代表
香港的食物，也因此媒體不再以「一品窩」來標示盆菜。

同時，在上述報道中，也可以看出新界圍村的轉變。雖然報道內
提到的大埔頭和水圍村仍然堅持舉辦盆菜宴慶祝傳統節日，但儀式從
簡，參與的村民也有所減少。圍村對待外人的態度也有所改變，水圍
村以開放著稱，歡迎外人參與村內的慶典，這也顯示出圍村的逐漸開
放對於普羅大眾認識盆菜起了相當重要的作用。

而透過 1980 至 1990 年代的報道可以反映，傳媒對於圍村的興趣
越來越濃厚，這與張展鴻認為 1980、1990 年代的香港人尋找文化歸
屬感的說法不謀而合。

在本地一日遊興起後，越來越多城市人來到圍村旅遊。而 1980 年
代中英談判後，香港確定回歸祖國，香港人對於未來充滿不安，故此
熱衷於尋求自己的文化歸屬感，探索自己的根源，而傳媒的報道也印

---

32 〈推出傳統美食及盆菜　今年沙田節籌辦菊花展　並擬邀粵省紅線女參加〉，《華僑日
　報》，1989 年 3 月 6 日。
33 〈建立社區基礎居民打成一片　沙田節獲十萬人參與〉，《華僑日報》，1990 年 1 月 15 日。
34 〈社會開放元宵佳話不如前　新界圍村仍保留傳統〉，《華僑日報》，1988 年 3 月 7 日。

圖 15 〈鄉村美食嘉年華 —— 共冶新界傳統佳餚一爐〉,《旅業之聲》,第 139 期（1988 年 8 月），頁 12–13（圖片來源：香港特別行政區旅遊發展局准予複製）。

證了這一點。例如上文提到〈社會開放元宵佳話不如前　新界圍村仍保留傳統〉（《華僑日報》，1988 年 3 月 7 日）這份報道指出盆菜乃真真正正代表香港的菜餚，而其他粵菜則廣東省共有；〈新界人吃盆慶元宵〉（《華僑日報》，1988 年 2 月 28 日）也說明了圍村人把盆菜稱作「吃盆」而非一般人稱呼的「一品窩」，這份報道更非常仔細地描述了丁酒儀式，也詳細地說明了盆菜的食材，及圍村村民如何品嘗盆菜。

另外，《旅業之聲》在 1988 年 8 月報道新界鄉村的美食（圖15），其中便包括了盆菜，而且從雜誌的內容可以得知，1988 年的香港鄉村美食嘉年華是香港食品節的重要一環，可見當時的主辦者旅遊業議會有意向全港乃至外國旅客推廣鄉村的美食，這有助大眾了解鄉村的習俗，尤其是飲食傳統；報道更進一步介紹了盆菜背後的傳說及習俗。《亞洲週刊》於 1991 年更特意花整整一頁篇幅介紹盆菜的歷史、圍村有關盆菜的習俗、盆菜的食材、盆菜宴的習慣以及探討盆菜的承傳問題，這些報道向普羅大眾介紹了圍村的習俗，其背後是希望藉此

講述香港的根源，盆菜這個稱呼也因此變得廣為人知，逐漸變成大眾口中的常用詞彙。

　　1996 年 12 月 31 日，知名時裝設計師鄧達智在香港回歸前最後一個除夕夜，於屏山祠堂舉辦了一場盆菜宴，宴請了二百多位文化界人士，包括劉健威和梁秉鈞（也斯）等人。消息傳出後引起了多方關注，連香港旅遊協會也派員前來了解，也斯在品嘗盆菜後更撰寫一篇題為〈除夕盆菜〉的詩訴說當時的感受。[35] 其後在 1998 年，香港旅遊協會於添馬艦舉行「千人盆菜宴」（圖 16），把盆菜推上更矚目的位置。[36] 從此以後，盆菜成為了香港人在大時大節時享用的節慶美食，香港各界包括社團、同鄉會、地產商、政黨都會在過節時舉辦盆菜宴，[37] 就連政府官員也會參與其中（圖 17）。[38] 政府也會在大型活動中舉辦盆菜宴，例如「慶回歸千人盆菜宴暨『一帶一路』多元文化嘉年華」。[39]

35　也斯：〈除夕盆菜〉，1997 年，「香港記憶」網頁，https://www.hkmemory.hk/MHK/collections/Yasi/all_items/prints/201607/t20160705_79810_cht.html，瀏覽日期：2023 年 7 月 22 日。

36　譚潔儀：《港人港菜》，頁 21-22；〈添馬艦活動豐富展示「動感」〉，《文匯報》，1998 年 10 月 5 日；〈添馬艦千人盆菜宴　旅協月底舉辦　吸引遊客市民同饗〉，《大公報》，1998 年 11 月 16 日。

37　〈舊機場大堂將擺設盆菜宴〉，《明報》，1999 年 1 月 19 日；〈新地開千人盆菜宴〉，《文匯報》，1999 年 3 月 7 日；〈歷屆活動花絮：聖誕迎新‧聚舊‧盆菜宴〉，《文匯報》，2013 年 3 月 7 日；〈民主黨盆菜宴〉，《蘋果日報》，2001 年 2 月 24 日。

38　〈特首嘗盆菜　官民聚鄉情〉，《大公報》，1999 年 10 月 29 日。

39　〈政務司司長出席慶回歸千人盆菜宴暨「一帶一路」多元文化嘉年華致辭全文〉，2017 年 12 月 23 日，香港政府新聞網，https://www.info.gov.hk/gia/general/201712/23/P2017122300504.htm，瀏覽日期：2023 年 7 月 22 日。

添馬艦千人盆菜宴
旅協月底舉辦　吸引遊客市民同饗

【本報訊】香港旅遊協會將於本月二十九日在中環添馬艦舉行一個名爲「盤滿砵滿添馬夜——千人盆榮宴」。

旅協發言人昨日說，這個傳統客家宴會，是旅協現時「動感新城香港旅程」連串節目的壓軸活動，希望吸引本地市民和旅客參與同樂，目的讓參加人士大快朵頤，亦可展示本港歷史悠久的圍村飲宴文化，印證香港「亞洲美食之都」的雅譽，亦鞏固香港作爲最受旅客歡迎的亞洲城市的優勢。

圖 16　〈添馬艦千人盆菜宴　旅協月底舉辦　吸引遊客市民同饗〉，《大公報》，1998 年 11 月 16 日。

行政長官董建華（左二）出席新界鄉議局第三十屆新員就職禮並品嘗盆菜，旁爲劉皇發（右二）、鄭國雄（右一）、陳日新（左一）（本報攝）

特首嘗盆菜　官民聚鄉情

本報記者　余楚明

新界鄉議局於昨日舉行。香港回歸後的首個就職禮，安排方面別出心裁，選擇在鄉議局的誕生地——大埔，設下盛大的傳統盆菜宴。八百多人參加。場面墟冚。

正如行政長官董建華所言——「鄉情無價」。董特首過往應邀出席其他夏會時，往往無暇留下晚宴，但昨天，特首不但出席主持鄉議局的就職禮，更與熱情的新界鄉親一道，在燦爛陽光下，圍坐大圓桌，有說有笑，品嘗具傳統特色的新界盆菜，可見特首與新界村民感情的深厚。

就職禮在下午三時許舉行，儀式結束後，董特首便在下眾嘉賓擁下，來到主家席就座。主家席上，董建華和新華社香港分社副社長鄉國雄分別坐在鄉議局主席劉皇發兩旁。宴會開始，劉皇發先來個中國人先客爲敬的傳統站起來，先爲特首董建華碗裡夾碗，然後又也禮尚往來，爲主人家夾一塊，也禮尚往來。此時此刻，董特首賓主一家，庭開六百席，令佔大的大埔運動場無法容納，需要分兩次進行宴會。參加宴會的人數多達八千人。

昨日上午，場面溫馨。種多樣，有切鷄、燒鵝、燒肉、扣肉、鮮蝦、冬菇、腐竹……等等三十六個座位的主家席上擺放了十二盆菜，即是說，平均三個人一盆，相信足夠他們三個人吃足半個月。這個壯觀的官民一家盆菜宴，吸引大批市民駐足觀看。大埔運動場旁邊圍滿著熱鬧的市民。舉行盆菜宴的大埔運動場，也會在宴會後結束三十多年的歷史使命，正式關閉，改建市政大樓。

圖 17　〈特首嘗盆菜　官民聚鄉情〉，《大公報》，1999 年 10 月 29 日。

各大商家爭相推出不同的盆菜款式，如連鎖快餐店都會在新年時推出特價盆菜款式吸引顧客。[40] 旅遊業也把盆菜視為吸引旅客來港的賣點之一，[41] 旅行社把盆菜宴列為外地旅客來港其中一項必吃的美食，例如 2023 年，經過新冠肺炎疫情肆虐的香港社會在生活復常後，內地商務團訪港的第一站便是去沙頭角品嘗盆菜。[42] 在不同的單位配合下，盆菜這一詞匯已經成為香港普及美食的代表，也成為香港市民日常接觸到的詞匯。

40 〈冬令中西美食精選　美麗華東西宮呈獻〉，《大公報》，2001 年 1 月 4 日；〈快餐店推賀年中菜外賣〉，《大公報》，2001 年 1 月 10 日；〈大家樂創新口味「龍蝦大盆菜」〉，《明報》，2001 年 1 月 14 日。
41 〈旅遊發展局出書弘揚文化精粹　傳統節慶成遊港賣點〉，《星島日報》，2001 年 5 月 21 日。
42 〈盆菜正金飾靚　坐小輪賞維港〉，《文匯報》，2023 年 5 月 17 日。

第二章

食盆活動的現況——
組織與傳承

第一節：元朗屏山

村落簡介

在香港的村落中，「食盆菜」是非常普遍的活動。通常在祭祀或節誕時，村落會以集體方式「食盆菜」，正因「食盆菜」是以村落或宗族房派為名義，故食用盆菜時誰人負責主持、如何煮、誰人能夠參與、如何吃，也是體現村民資格、劃分社區成員權利責任的時刻。換句話說，盆菜活動背後包含了一套文化內涵，而新界屏山鄧氏宗族便是其中一個能承傳這種盆菜文化的例子。

屏山鄧氏宗族在香港歷史悠久，按《屏山鄧氏族譜》所載，鄧氏八十六世祖漢黻公於北宋開寶六年（973）宦遊至廣東，並定居於寶安縣岑田（今香港新界錦田），被視為粵派一世祖。漢黻公以後，粵派七世祖鄧元禎在南宋時自錦田遷居屏山，奠定了屏山鄧氏的基礎，被尊稱為屏山房一世祖。鄧元禎的後代相繼在屏山建立了「三圍六村」，即上璋圍、橋頭圍與灰沙圍的「三圍」，以及坑頭村、坑尾村、塘坊村、新村、新起村和洪屋村合稱的「六村」。屏山鄧氏宗族成員人口不斷增長、村落範圍不斷擴展，同時他們承傳著祭祖禮儀，並依靠祭祖禮儀來維繫彼此的關係，祭祖地點多是村內的祠堂和村外的祖墳，而祭祀活動往往伴隨著飲宴，當中包括宴席上的盆菜，所以屏山盆菜這種飲食方式是與宗族文化息息相關的。

鄧聯興師傅介紹

鄧聯興（鄧師傅）現年（2021）六十多歲，是坑尾房的子孫，其父鄧來發（發叔）是一名經驗豐富的煮盆師傅，過去多年包辦了附近三圍六村的大小喜宴。發叔有七名兒女，鄧師傅排行第五。鄧師傅不想父親的手藝隨退休而失傳，所以決定子承父業學習煮盆，並在約 30 年前開始經營元朗屏山傳統盆菜生意。

鄧師傅在我們所作的訪問中提及他的祖父也曾為村落煮過盆菜，惜祖父早已去世，未能教授發叔煮盆。回顧 2000 年香港電台的節目，發叔在節目裏講述自己的煮盆技術是跟村內一位稱「高伯」的師傅學來的，從幫忙切配菜、切肉開始，學習至 30 歲時才開始自己煮。[1] 值得注意的是，不論是鄧師傅的祖父還是父親（發叔），他們皆非全職煮盆，就如鄧師傅說「煮盆菜好少話係一個職業」。[2]

昔日屏山的盆菜師傅沒有收徒制度，有賴村民在旁觀摩來習得煮盆的技藝。較早期的煮盆好手有更練團（更練團為新界居民自發組織的自衛隊伍，負責村內的保安工作，協助維持村內的安寧）成員鄧堂，他因廚藝不俗而兼任廚子的職務。還有鄧炳受也是一名煮盆好手。其後有鄧裕來。鄧裕來去世後，1960、1970 年代左右由發叔替上。鄧師傅於 1995 年正式接過父親的衣缽，成為盆菜師傅。[3] 話雖如此，當時鄧

1　〈原鄉情濃〉（影片），2000 年，《滋味人生》節目，香港電台。
2　鄧聯興師傅訪問稿，2022 年 10 月 9 日。
3　鄧昌宇、彭淑敏、區志堅、林皓賢編著：《屏山故事》（香港：中華書局，2012），頁 130。

師傅正在環保署任職，直至約 2000 年買下了屏山屏廈路塘坊村 36 號
地下的舖位，開始以店舖經營盆菜生意，但也只是偶然請假煮盆，直
至他 54 歲時，才提早退休轉為全職煮盆。[4]

　　與此同時，在同村兄弟鄧達智的推廣下，傳統盆菜從圍村普及到
都市。1996 年 12 月 31 日，鄧達智在回歸前最後一個除夕夜，在屏山
祠堂舉辦了一場盆菜宴，宴請了二百多位文化界人士，包括劉健威和
梁秉鈞（也斯）等人。消息傳出後引起了多方關注，連香港旅遊協會
也派員來了解。其後在 1998 年，香港旅遊協會於添馬艦舉行「千人盆
菜宴」，把盆菜推至更矚目的位置。[5] 盆菜文化的普及，也把更多村外的
生意引進盆菜店。鄧師傅也憶述在慶回歸宴前，屏山鄧氏的盆菜文化
曾一度失落，村民有喜慶事時流行上茶樓辦宴席，而不再是食盆，直
至各方大力的推廣，盆菜才在村中再次興起。[6]

　　對於童年時食盆的記憶，鄧師傅表示印象最深刻的是負責冬防的
更練團在祠堂所辦的盆菜宴。當時他未及十歲，父親和村中其他師傅
都會在祠堂烹煮食物，除了村內的大人，一些外來但居住或工作於屏
山的農場、魚塘和小型工廠等的人士亦會獲邀去享用盆菜宴。盆菜宴
中吃的是「兩杉四缽」的規格（按鄧達智、鄧桂香所著的《元朗四季
好日子》提到，屏山盆菜分三等，九缽菜最矜貴，兩杉四缽為中等，
接著是把所有菜餚全放盆中，連盆上桌），「兩杉」有豬肉、魷魚豬皮、

4　鄧聯興師傅訪問稿，2022 年 10 月 9 日。
5　譚潔儀：《港人港菜》，頁 21–22。
6　鄧聯興師傅訪問稿，2022 年 10 月 9 日。

枝竹、蘿蔔或筍蝦，「四缽」有雞、鴨、冬菇，甚至還有「車輪鮑」（鮑魚的一種），十分名貴。以往村民甚少有吃肉的機會，仍是孩子的鄧師傅即使還不能坐上席，吃的是大人吃剩的食物，也覺高興。[7]

同時，師傅至今還記得自己 14、15 歲時第一次隨父親「食山頭」，那是荃灣蓮花山的山頭。那時去的人數不少，而且都是鄧氏的族人，還未有「客票」（即「食山頭」時供村外客人換取盆菜的票）的出現。[8] 透過鄧師傅煮盆和食盆的記憶，可看到部分過去村落的組織運作和文化。

惟時代轉變，不少村中的年輕人紛紛融入都市中謀生計，有心學習傳統儀式和技藝的人日漸減少，傳統盆菜的烹煮技巧之傳承也面臨不少挑戰。鄧師傅的兒子鄧健鵬（Jeff）有心繼承父親的煮盆生意，以維持「食山頭」和煮盆的傳統。自於澳洲完成大學課程後，Jeff 在 25、26 歲回港後，便幫忙盆菜店的工作，從煮盆到跟隨族人前往「食山頭」，至安排盆菜宴的運作，全面地參與煮盆生意的運作。然而，Jeff 在訪問中也慨嘆，現在盆菜的食材已不同以前，而且到了他這一代，連跟鄧師傅年紀相若的鄧氏同族也甚少一起煮盆，更遑論跟他同輩的年輕一代有意幫忙煮盆。

下文，我們將跟隨鄧師傅考察屏山鄧氏兩次「食山頭」的情況，了解這一項族人在祖墳前即席烹煮和享用盆菜的飲食文化。

7　同上註。
8　同上註。

考察紀錄：2021 年 10 月 10 日（農曆二零二一年九月初五）屯門龍鼓灘食山頭

每逢清明節及重陽節前五天（農曆三月初五及九月初五），屏山的鄧氏族人都會到龍鼓灘拜祭屏山十八世祖鄧若虛與其母和妻子。2021 年 10 月 10 日正值農曆九月初五，正是鄧氏到龍鼓灘祭祖的日子，惟遇上了颱風「獅子山」襲港，這天「食山頭」的環節要從龍鼓灘移到維新堂就餐。

維新堂為若虛祖之祖堂，亦即位處屏山坑尾村的若虛書室。除了是一棟建築的名字，「維新堂」在鄧氏子孫的語境中還有另外兩層的意思。一是代表生為鄧若虛子孫的身份稱呼，這些鄧氏會稱自己是維新堂的子孫；二是意味著主持每年「食山頭」的投標，管理著專屬維新堂收租之用的物業和田地，以族產提供每年祭祖所需費用之公家。這個公家由三房人一同管理，三房人輪替負責堂裏的財務[9]——所謂三房應是指鄧若虛的三個兒子（長子諱兆麟，號元慎；次子諱夢月，享年九歲，故其弟國香祖過繼長子為嗣，延其香燈；三子諱芝蘭，號國香）[10] 的後人。

在當期負責管理維新堂財務的人「揸數人」，須主持「食山頭」的招標工作，如貼通告通知維新堂的子孫。投標也只有維新堂的子孫才可以參與，投標方式為價低者得，出價者不能提出高於維新堂所立之

9　鄧東照先生訪問稿，2021 年 10 月 10 日。
10　蘇萬興：《坐言集之屏山鄧族》（香港：超媒體，2008），頁 44。

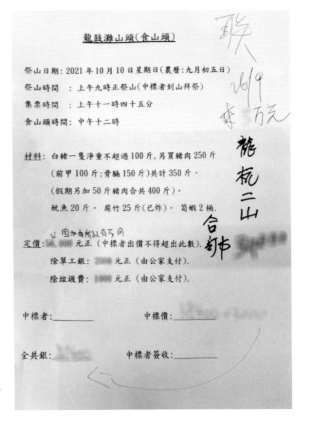

圖 18　屯門龍鼓灘食山頭的標書，
　　　　攝於 2021 年 10 月 9 日。

定價。[11] 標書會列明祭祖時間、「食山頭」的集票時間、用餐的時間及所需的各種材料的數量等，可見維新堂對祭祖的重視。以是次「食山頭」為例，標書的模式可見圖 18。

　　這次「食山頭」由鄧東照（照哥）以大約 38,000 元投得。照哥年屆六十，有三四十年舉辦「食山頭」活動的經驗，他這次中標便找來了鄧聯興師傅幫忙「煮山頭」。早在鄧師傅年輕時，照哥便常常找鄧師傅的父親合作，故此雙方默契十足。鄧師傅負責安排和打點「食山頭」所需的各樣食材和人手，並進行烹煮；而照哥則主力負責祭山事宜，統籌祭山的各樣祭品，除草、拜祭等各種事項。

11　鄧東照先生訪問稿，2021 年 10 月 10 日。

為了預備 10 月 10 日的「食山頭」，鄧師傅早於兩天前便開始分批處理豬肉以外的各樣食材。首先是處理土魷（乾魷魚），市面賣的土魷多以「哥士的」來浸發，以加快土魷的發脹速度，但鄧師傅認為這些土魷的「哥士的」味會沖不去，吃時會有一股「哥士的」味。故此，鄧師傅選擇多花時間和心思，在 10 月 8 日早上便開始浸發土魷，到夜晚再下鹼水，第二天再徹底洗去鹼水。然後是筍蝦（醃漬過的竹筍乾），10 月 9 日早上開始浸發，以洗去筍蝦不太好嗅的濃烈氣味及強烈的鹹味。而枝竹的浸發時間更需拿捏，浸泡過夜會過時，臨天亮才浸時間又不夠，所以鄧師傅得計算好浸發枝竹的時間。[12]

　　其他配料和工具也在「食山頭」前一天作了清點和收拾，確保明天一大清早出發不會有遺漏。薑、片糖、南乳、米、小茴香、八角、醬油、食油、砂糖、洋蔥、蒜頭等食用配料，盛菜盆、擔挑、繩、水勺、刀、砧板、鑊、鑊蓋、鏟、即棄餐具等用具都在「食山頭」前一晚分批放到車上，待第二天一早把土魷、筍蝦、枝竹和豬肉也搬運到車上便可立即啟程。鄧師傅見到風雨交加的天氣，及時想到要多帶備木板以解決「煮山頭」生火的問題。[13]

　　颱風「獅子山」恰巧於 10 月 9 日襲港。天文台在上午 6 時 40 分發出了八號東南烈風或暴風信號，直至 10 月 10 日，即龍鼓灘祭祖當日的上午 4 時 40 分才改發三號強風信號，考慮到當時的環境和安全問

12　鄧聯興師傅訪問稿，2021 年 10 月 9 日。
13　同上註。

題，鄧氏把祭祖後「食山頭」的環節移遷至祖堂維新堂進行，而鄧師傅煮盆菜的地方也從龍鼓灘移師至維新堂的廚房。

當天鄧師傅早上 3 時便起床，待 4 時多屠房的車把豬肉運到。除了祭祖用的整頭生豬由照哥那邊帶去龍鼓灘祭祖，其餘的豬肉都由協助鄧師傅的工友斬成塊狀。維新堂的廚房有三隻鑊，可同時烹煮兩百多斤豬肉。大約早上 8 時，鄧師傅先把切塊的豬肉下鑊烹煮，並預計照哥那邊會在早上 9 時多把全豬帶回，到時再斬件烹煮，可再煮兩鑊豬肉。若是平日天氣許可的「食山頭」，鄧師傅會跟著一起前往祖墓，待大約早上 9 時拜祀完畢，便在祖墓旁的空地把豬斬件，就地烹煮，一眾參與者準時於中午 12 時開始食盆。[14]

鄧師傅自小便見過維新堂的廚房，對它十分熟悉。爐灶是傳統的柴火灶台，鄧師傅說這灶台未盡完善，燒起來火力不夠均勻。生火用的木柴是鄧師傅平日在附近工地拾來儲起的，因為就算是在山上「煮山頭」也不一定能撿到足夠又合用的柴枝。若是在龍鼓灘「煮山頭」，鄧師傅會即場用石頭在剛挖好的泥坑上搭成灶頭，再用柴枝生火煮食。龍鼓灘是一個荔枝園，若是在晴天「煮山頭」，可拾獲不少荔枝柴來用。鄧師傅指荔枝柴火力足夠，煮起來的豬肉會更加香和美味。[15]

除了火，烹調時另一不可缺的是水。維新堂位於屏山村內，自然有水喉用水，但到了山頭，又如何確保用水呢？師傅指祖先選的墓地

14　鄧聯興師傅訪問稿，2021 年 10 月 10 日。
15　同上註。

多會有水源，如龍鼓灘上游便有生水，以前還有膠喉能接駁當地人用來耕種和養殖用的用水到煮盆菜的位置，而現在則會從附近的劉氏宗祠取水喉水來用，故不用特意帶水過去。[16]

廚房內除了鄧師傅外，還有大概六位工友輪著生火開爐、煮豬肉、煮枝竹等等。當中大部分工友是鄧師傅經朋友介紹來的村外人，有的更隨鄧師傅去山頭幫忙煮盆超過 20 年，對工作非常嫻熟。[17]

另一邊廂，照哥與多位同族兄弟帶著全隻生豬和各式祭品前往龍鼓灘祭祖。照哥的兄長，幫忙收票的鄧東星（星哥）憶述小時候前往龍鼓灘的見聞，當他 12、13 歲時，起床後吃過母親煮的飯便要起行，走路到龍鼓灘。由屏山出發，到廈村，經過白泥，再到稔灣，走過一些山丘和海灘到達龍鼓灘，單從稔灣步行到龍鼓灘便需時超過兩小時，可見當時的路程遙遠。[18] 其他受訪者如文叔和王叔也對此印象深刻，提到年幼時要凌晨 3 時起床，4 時已出發啟程。[19] 星哥續道，從祖墓可看到海，山上沒有太多雜草和樹，多是石山。他又指大約五十多年前族人祭祖時不會即場把豬肉烹煮成盆菜享用，沒有「食山頭」這項活動，當時鄧氏子孫只有獲分豬肉和公家拿出來的 100 元，那時約有 30 個男丁參與，每男丁分得大約兩三元，這金額在當時可說是頗為可觀。[20]

16　同上註。
17　同上註。
18　鄧東星先生訪問稿，2021 年 10 月 10 日。
19　鄧氏文叔和王叔訪問稿，2021 年 10 月 10 日。
20　鄧東星先生訪問稿，2021 年 10 月 10 日。

　　另一名現年 74 歲的受訪者王叔稱「食山頭」源於前往祖墓的遙遠路程，因為過去鄧氏子孫早在凌晨 4 時起程，走到祖墓拜祭已到中午，再帶回去的豬肉已不新鮮，故不如就地煮來吃。王叔又提到了「食山頭」的人數變化，過去只得四五十人，當時外甥也可以一起享用盆菜；直至日軍入侵，因糧食不足，才取消了外甥可參與的習俗；到了現在，因交通方便，經濟環境良好加上糧食充足，鄧氏改了族例，歡迎族中子弟帶朋友參加，故「食山頭」的人數甚至可超過 200 人。[21]

　　據聞若虛祖的祖墓位處一片風水好地，墓地兩旁的山岡成「左青龍右白虎」之勢；墳後有山，意味著「有靠山」；風水講究山和水，墓前有一片海，墓被連綿而無缺口的群山包圍，相當合乎風水理論中的「靚地」。[22]

　　祭祀大約於早上 9 時開始，照哥和同族兄弟在祖墓前擺放好五杯茶、五杯酒、五碗飯、五碗湯（煮有紅棗和粉絲的湯）、五生（五種生的豬內臟）、五熟（五種煮熟了的豬內臟）、祭祀的糕餅和水果，還有整頭生豬。祭祀中會有一位「主祭」來主持拜祭時的儀式，按受訪者華叔所言，會由當日去拜山的子孫中，輩分最高的人擔任「主祭」，現在也有些情況會由中標者親自主祭。[23]

21　鄧氏王叔訪問稿，2021 年 10 月 10 日。
22　鄧東照先生訪問稿，2021 年 10 月 10 日。
23　鄧氏華叔訪問稿，2021 年 10 月 10 日。「食山頭」的中標者為「祭主」，包攬整個「食山頭」從拜祭至煮盆的籌辦；「主祭」則為在進行拜祭時負責主持儀式的人，兩者稱呼相似但職能不同。

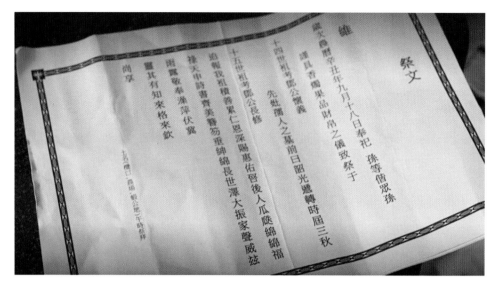

圖 19 　祭祀欖口、農場、蝦公地三個祖墳時用的祭文，攝於 2021 年 10 月 10 日。

有些鄧氏的山頭會有祭文（圖 19），如農曆九月十八日所祭之山頭，子孫會在祭祖時伏在墳頭朗讀，而龍鼓灘祭祖則沒有祭文。龍鼓灘祭祖這天，放置好祭品後，到場的子孫長次有序地分批上前拜祭，其中照哥的大哥星哥因輩分最高，故由他第一個拜祭祖先。

待完成拜祭及清理場地後，照哥一行人回到維新堂，把豬隻交給鄧師傅斬件烹調。斬件前，照哥等人特意用磅秤給豬肉秤重，確保豬肉「夠秤」。據照哥回憶，過去甚至會由維新堂的三房家長監秤，確定豬肉斤數充足才可以下鑊烹煮，雖然現在沒有人關注豬肉斤數的問題，但他也會秤一秤豬肉以示自己有充分地做好工作。[24]

與此同時，照哥的兄長星哥及一名鄧氏兄弟留守在龍鼓灘記錄出席食盆者的名字和分發盆菜券。按照鄧氏慣例，即使「食山頭」改於維新堂進行，鄧氏後人亦須先前往龍鼓灘拜祭祖先以示尊敬，才可以領取盆菜。大約早上 10 時 30 分，開始有鄧氏後人帶同老人與小孩駕車到達，星哥會發給他們每人一張盆菜券。這些盆菜券是維新堂自

24　鄧東照先生訪問稿，2021 年 10 月 10 日。

圖 20　維新堂自製的龍鼓灘食山頭盆菜券，攝於 2021 年 10 月 10 日。

圖 21　維新堂自製的龍鼓灘食山頭盆菜券，攝於 2021 年 10 月 10 日。

製的，因覺得過去用報紙作票不好看，便特意製作這些小咭片作盆菜券，已沿用多年（圖 20、圖 21）。星哥與另一名鄧氏兄弟在派發盆菜券後，在另一張紙上記錄食盆者的姓名及所需盆數。按照鄧氏的傳統，六個人集起六張盆菜券交來，便給一盆盆菜，不過當然這並不是一成不變的規例，正如照哥所說：「五個人唔俾人食咩，係咪先？要自己走盞囉。」

上午 11 時 45 分，星哥停止在龍鼓灘分發盆菜券，並啟程返回維新堂。星哥返回維新堂後，把寫有姓名及盆數的記錄紙張交給照哥，以方便點算盆數。中午 12 時 26 分，鄧師傅開始進行打盆，把筍蝦、枝竹、魷魚和燜豬肉依序放入鋂盆中，四百斤豬肉被分成了 76 盆盆菜。若以六人一盆來計算，這次的出席者約 456 人。中午 12 時 30 分，已登記姓名的鄧氏後人陸續在維新堂的中庭聚集，等候叫名取盆菜。中午 12 時 40 分，剛才在龍鼓灘負責記錄的鄧氏兄弟按出席者之姓名，叫來各鄧氏子孫拿取盆菜。子孫們從維新堂中庭的後門走進廚房取盆菜，再從廚房正門離開，流水式作業。僅約 15 分鐘，所有盆菜已分發完畢，鄧氏子孫們均將盆菜取回家享用。與此同時，鄧師傅的工友們已開始清洗維新堂廚房、地面及木桶。

考察紀錄：2021 年 10 月 25 日（農曆二零二一年九月二十日）荃灣蓮花山食山頭

每年農曆九月二十日是屏山坑尾的鄧氏族人上蓮花山「食山頭」的日子。2021 年 10 月 25 日，盆菜師傅鄧聯興一大清早便安排兒子鄧健鵬和女工把各種「煮山頭」的食材及廚具搬上廂型車。大約早上 6 時 20 分，用以生火煮食的木板、擔挑、多個盛盆菜用的鐵盆、各種廚具，洋蔥、薑、南乳等調味材料，已預先處理過的魷魚、枝竹和筍蝦，還有食材中的主角——一整頭重達 120 斤的生豬，已放進廂型車，準備妥當。

據鄧師傅說，屏山的鄧氏可大約分為坑頭和坑尾兩房的子孫，兩房合共一年七次「食山頭」。坑頭的「食山頭」有農曆九月十五日和九

圖 22　在廂型車中準備妥當的食材和廚具，攝於 2021 年 10 月 25 日。

月十八日兩次，其中十五日的「食山頭」，整個屏山年滿 50 歲的父老也可出席。而坑尾則有維新堂清明和重陽各前五日和前兩日的四次「食山頭」，以及霄羽祖農曆九月二十日的「食山頭」，亦即本次紀錄所前往之山頭。[25] 霄羽祖為屏山鄧氏的十四世祖鄧懷義，也是坑尾房的始祖。

查看鄧氏族譜，很有趣地發現族譜內記道霄羽祖鄧懷義為「二十世」（圖 23），但屏山的鄧氏都稱其為「十四世祖」。這「六世」之間的落差源於屏山的鄧氏後人奉鄧元禎為屏山的始祖，即第一世祖。鄧元禎為屏山開基祖鄧從光的父親，而鄧元禎之父為宋六世祖鄧瑞。是故屏山的鄧氏子孫若要追溯屏山的祖先屬於第幾代時，很多時也會把族譜右邊的多少世減去六來計算。[26]

上午 7 時 15 分，鄧師傅父子便領著搭擋的三名女工和五名男工上車，啟程駛往荃灣蓮花山。駛過蜿蜒的山路，途經麥理浩徑第九段，早上 8 時 15 分在蓮花山車路的盡頭停下。眾人下車後把各種「煮山頭」

25　鄧聯興師傅訪問稿，2021 年 10 月 9 日。
26　關於鄧氏世系，可以參考〈屏山鄧族源流〉，載盧惠玲、張兆和編，鄧聖時輯：《書寫屏山》，上冊，頁 359。

圖 23　鄧氏的族譜，攝於 2021 年 10 月 25 日。

用的用具和食材放入擔挑中，轉以人力把東西運往「煮山頭」的地方。工人們架著擔挑，走過佈滿石級和石塊的山徑，經過已荒廢的蓮花山學校，往田夫仔方向走，再轉入小路，跨過一條溪澗，花了超過半小時走到「煮山頭」的一片空地。空地上有一個混凝土造的爐灶，擺放著兩個連蓋的大鐵鑊（圖 24）。鄧師傅指揮兒子和女工們放下食材和煮食工具，再帶領男工抬著以擔挑承著的生豬和祭祀用品，穿過空地，繼續沿一段小徑走，往不遠處的墓地去。是次活動的祭主鄧齊安（柏哥）已在墓旁等候，打點著拜祭所需的物品。

　　所謂祭主，即是整個「食山頭」活動的負責人。每年鄧氏會出標供族人競標，只要是霄羽祖的子孫也可參與投標，價低者得。中標的人會成為該次活動的祭主，須包辦一切活動所需，如安排一切祭祀儀式、各式祭祀用品和食品，烹煮盆菜，邀請或聘用人手處理墓地旁的雜草和擔祭品等事宜。按維新堂外通告版上的招標通告，是次「食山頭」的競投舉行於 2021 年 9 月 12 日（農曆八月初六），除了蓮花山，這次霄羽祖的秋季競投包括象地、蝦公地和欖口山頭共四個祖墳的祭祖活動的競投。

圖 24 煮山頭的空地，攝於 2021 年 10 月 25 日。

　　墳墓是傳統樣式，由環狀的墓龜、墓碑和墓埕組成，墓主為十五世祖妣萬氏和十六世祖妣陳氏。墓兩側各有一個祭祀「后土」的小祭壇，傳統信仰「天皇后土」，故「后土」代表了土地神（圖 26）。據柏哥說，祖先在發現合適的風水地後，會先設兩個「后土」，既是對土地神的敬意，也是向別人宣示他們已預留了這塊土地。祖墳背靠三座山，正面遠眺三個小島，地形如猛虎向三台，柏叔道，這風水穴位稱「猛虎跳三燈」。[27] 鄧師傅向筆者表示，墓地曾在 2000 年進行翻新，因為當年墓地的所在地難以到達，甚至需要以空運方式來運送建築材料。[28]

　　只見祖墓墓龜兩旁的屈手位置各用一塊小石子壓著數張紙錢，兩邊后土的小壇上也在左右兩旁各用石子壓著紙錢。柏哥解釋這是過去分了房的兄弟間之通訊方式，因為過去沒有即時通訊科技，拜祭者為了向分開居住的兄弟傳達自己已拜祭過這裏的訊息，便以石頭壓著紙錢來表示。

27　鄧齊安先生訪問稿，2021 年 10 月 25 日。
28　鄧聯興師傅訪問稿，2021 年 10 月 25 日。

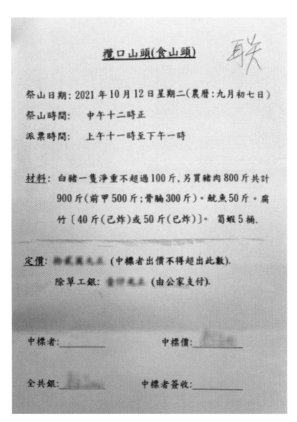

圖 25　2021 年 10 月 12 日欖口山頭的標書，照片由鄧
　　　聯興師傅提供，攝於 2021 年 10 月 25 日。

圖 26　鄧氏祖墳旁的后土，攝於 2021 年 10 月 25 日。

　　　　　　　　　　　　　　　　　　　　　　　　食盆

　　柏哥在祖先的墓碑前依次排好祭品：五杯茶、五杯酒、五碗飯、五過水（煮有紅棗和粉絲的湯，過去湯中還會有用粉團切成的丸子，但現已絕跡）、五生（五種生的豬內臟）、五熟（五種煮熟了的豬內臟）、五種生果，還有整頭生豬；給兩旁的「后土」各放上兩茶、兩酒、兩飯、兩過水、兩生、兩熟，並預備好紙錢。接著，柏哥在祖先墳前插上三枝大香，大香左右各一枝紅燭，大香前再插上三束線香。再分別給兩邊的后土插上一束線香和兩枝紅燭，奠茶酒，叩了三次頭，在祭壇旁焚燒一疊紙錢。後走回祖墳前，同樣地向祖先奠茶酒，三叩首，焚燒紙錢；上午 9 時半，禮畢，並把生豬抬回煮盆的空地，由鄧師傅煮盆，同時柏哥圍著祖墳和后土撒上用來預防蟲蟻的白灰。

　　有關拜祭儀式，聞說過去會有父老身穿長衫負責喊禮，而鄧氏子孫便會從長至幼，按輩分分批上前祭拜，可見當時蓮花山祭祖的人數之盛。[29] 然而，當天因山路崎嶇，不少上了年紀的父老不便前來；加上適逢星期一，年輕一輩多要上班或上學，未能前來拜祭。一些族人也要稍後才到達，為趕及正午 12 時打盆，這時只有柏哥一人來祭拜祖先以完成儀式，好讓生豬可儘快被抬去烹煮，他也只是穿著適合行山的便服，而非長衫。

　　另一方面，雖然在 2000 年重修祖墓時，空地加建了水泥爐灶，但爐灶因結構問題而導致火力不足，故是年鄧師傅乾脆自己即場搭建兩個石頭爐灶。燃燒物料方面，跟龍鼓灘的做法不同，龍鼓灘可撿荔枝木作柴燒，蓮花山雜木較多，燒起來火力不足，師傅特地帶備了木板

29　鄧齊安先生訪問稿，2021 年 10 月 25 日。

來生火。煮盆用的大鐵鑊就放在水泥灶上，以便鄧氏子孫每年「食山頭」之用 —— 問及師傅過去未有水泥灶時，鐵鑊放在哪裏，師傅憶述那時蓮花山近荃灣的山邊有幾條非鄧姓的村落，村民會借地方給鄧氏放鑊和餐具，並預先撿樹枝給他們燒柴用。師傅還憶起那時的蓮花山有不少山豬，他的同房兄弟甚至會先打獵再回來「食山頭」。

「食山頭」對煮盆師傅沒有既定要求，也不一定是鄧氏的後人，主要是看祭主的安排。過去有的祭主會自己親自烹煮，也有的會在外面聘請師傅幫忙，如柏哥說自己過去辦「食山頭」時也數次找內地的師傅來幫忙，只是這次則請了同房的鄧師傅來幫忙煮盆的籌備和烹煮工作。

當日，鄧師傅他們即場把生豬斬件切細，加入南乳、麵豉、洋蔥、片糖、薑、蒜等調味配料，在兩隻大鑊中燜煮。烹煮完豬肉，把豬肉放入鐵桶中，再分批把出發前已經過烹調的筍蝦、魷魚、枝竹放入大鑊中翻熱，如此一來盆菜的材料便準備就緒。女工在附近的溪澗清潔了兩隻鐵鑊，再放回石頭灶上開始煮白飯。

上午 11 時，漸見更多「食山頭」的參加者到達。參加者有男有女，年齡上多為中年人士，當中不少是由鄧氏子孫帶來的朋友。這些鄧氏後人先跟柏哥相互問候，再自行前去祖墳拜祭，跟祖先「打聲招呼」。是次「食山頭」沒有規限客人的數目，不論鄧氏子孫帶多少朋友來，也予以歡迎。與此同時，柏哥開始用紙筆記下出席的族人名字，而族人也會告知自己所需的盆菜數量。這次蓮花山「食山頭」不用六人齊集六張盆菜券來換一盆盆菜，只要參與者報告要多少盆，柏哥便記下數字來計算稍後打盆的數量，最後計出這次「食山頭」共需 34 盆盆菜。當

圖 27　正在烹煮豬肉的鄧健鵬和女工，攝於 2021 年 10 月 25 日。

圖 28　正在分發盆菜的柏哥（左一）和女工，攝於 2021 年 10 月 25 日。

中有六盆是打包給親友的，若以平均六人吃一盆來計算，出席是次「食山頭」的鄧氏子孫，加上與他們同來的朋友，共約 170 人。

　　正午，鄧師傅和女工開始打盆。他們把多個銻盆一排排地放在地上，然後將已烹煮和翻熱並置在桶中的筍蝦、枝竹、魷魚和燜豬肉依序盛入盆中。祭主在活動前難以確定出席「食山頭」的實際人數和所需的打盆數目，那又如何確定食材的分量？原來鄧族「食山頭」出標時，會記下是次活動要多少斤豬肉，如這次便是 120 斤。打盆時才再按需要的盆數酌量分配食材，如果需要的盆數較多，便需要減少每盆的食材數量，以平均分配食材。完成打盆後，柏哥便會按早前記錄的出席名單，喚其來領取盆菜。「食山頭」的參與者們大多自備了墊子或膠袋鋪在地上，席地而坐，他們紛紛把盆菜拿到樹蔭下的空位，數人一圍圍坐而食。煮好的白飯放在鐵桶中，供參與者任意盛飯。當大家大快朵頤的時候，鄧師傅和女工們仍忙過不停，在煮過白飯的大鑊中加水，煮成「飯焦茶」，供參與者飲用。

　　酒足飯飽，「食山頭」的參與者在大約下午 1 時漸漸散去。柏哥、鄧師傅和女工們收拾了場地，把鐵鑊放回水泥灶上，眾人沿來路離去，完成了這次的「食山頭」活動。

第二節：元朗厦村

村落簡介

　　自鄧氏八十六世祖漢黻公於北宋開寶六年宦遊至廣東，並於寶安縣岑田（今香港新界錦田）定居落戶，其子孫世代繁衍，紛紛在新界不同地方建村立業，元朗厦村正是其中一個分支。

　　鄧氏在元朗厦村落戶甚久，據知厦村鄧氏的宗祠「友恭堂」原祠建成於明朝洪武年間，[30] 可見早於那時已有鄧氏在該地定居。《厦村鄧氏族譜》記載，厦村的開基祖為粵派第五十世祖鄧氏洪惠、洪贊二堂兄弟。二人在明朝洪武年間，與族人從錦田遷居厦村，並建東、西頭里。其後他們的子孫又相繼開闢了多條村落，包括東頭村、巷尾村、羅屋村、祥降圍、新生圍、錫降村、錫降圍等。

鄧浩存師傅介紹

　　鄧浩存師傅是元朗輝記盆菜第二代的主理人，其煮盆技藝師承於父親鄧劍輝。[31] 他的父親和他都是元朗厦村的鄧氏子孫，出生於厦村中

30　厦村鄉友恭堂：《厦村鄉友恭堂鄧氏宗祠重修進火特刊》（香港：厦村鄉友恭堂，2012）。

31　〈【農曆新年2022】子承父業　傳統盆菜帶來「家」的味道〉，《Metro Pop》，2022年1月6日，頁10。

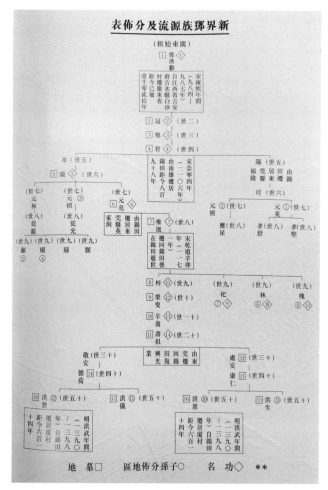

圖 29 　新界鄧族源流及分佈表（圖片來源：甲申年醮務委員會編：《廈村鄉約甲申年建醮特刊》[香港：廈村鄉約甲申年醮務委員會，2004]，頁 22）

的新圍，[32] 據知鄧劍輝是跟村內幾位老師傅習來煮盆的技藝，[33] 並在年輕時已在村內的書室幫忙煮盆，後於 1997 年創立「輝記盆菜」。[34] 鄧浩存師傅自小便參與父親的廚房工作，12、13 歲時幫忙撿柴生火，中三後

32　鄧浩存師傅訪問稿，2022 年 10 月 2 日。

33　〈圍村盆菜　80 後接父棒掌舵〉，2016 年 2 月 7 日，SundayKiss，https://www.sundaykiss.com/96228/?utm_campaign=Kiss_ContentCopy&utm_source=Web-inventory&utm_medium=Content-Copy_Kiss，瀏覽日期：2022 年 9 月 15 日。

34　〈【元朗盆菜】80 後接手圍村盆菜生意　豬肉軟腍全靠發酵南乳〉，《蘋果日報》，2019 年 1 月 25 日。

報讀了職業訓練局的電器技工課程，仍偶爾回村幫父親忙，成年後亦會幫忙駕車運貨，及承擔一些煮盆所需的搬運工作。[35]

惟 2008 年時，鄧浩存師傅的父親因心肌梗塞而一度於深切治療部留醫，住院期間為生意感到憂心，擔心生意無人接管，時年 27 歲的鄧浩存師傅遂答應父親接手家業。[36] 問到現時盆菜店幫忙的助手，師傅表示有些是親戚幫忙分擔工作，有些則是為盆菜店工作了十多年的老員工，這些員工有的也是圍村人。[37]

問到厦村的煮盆習俗，鄧師傅指厦村的內部可分為多條村落，每條村落也有自己的煮盆師傅，及獨特的盆菜風味。以師傅出身的新圍為例，他憶述過去村中的盆菜會盛有一整條烏頭魚，但味道較腥，故煮盆師傅和村民紛紛提出以其他食材代替，盆菜的味道也視乎村民的口味而改變。昔日新圍的煮盆師傅都不是全職從事煮盆，多是村民有喜慶事便尋求其他村落成員幫忙，事後主人家會給紅包予幫忙煮盆的師傅以作答謝，而非以薪金來聘用師傅。村內的女性都會幫忙煮盆，如幫忙切菜及清潔，但不會負責烹煮。[38]

新圍祭祖很少置辦盆菜宴，而多會進行「分豬肉」。過去是給予男丁每人一條生豬肉，現在因衛生問題而改為分發「豬肉錢」，以現金來代替豬肉。但如遇喜慶事，如婚嫁、觀音誕和天后誕等，村內都會吃

35　同上註。
36　同上註。
37　鄧浩存師傅訪問稿，2022 年 10 月 2 日。
38　同上註。

盆菜。天后誕時，村民更會一邊享用盆菜，一邊競投祭拜過神明的物品和觀看唱歌等表演。順帶一提，籌辦天后誕的幾位司理多是由村民自薦或投票選出。[39]

說到輝記盆菜的生意，鄧師傅提到 2019 冠狀病毒疫情對生意的影響。疫情前，盆菜店的客源以村落為主，村落每逢節慶場合便訂購大量盆菜到會；疫情後，村落難以大擺盆菜宴，故「輝記盆菜」推出三人盆菜等菜式來吸引散客，迎合市場需要。不少村落的訂單在疫情下一再改期，或是減少盆數，例如村民原定舉辦滿月酒，卻延期改為百日宴，以待疫情有所緩和。[40]

考察紀錄：2022 年 10 月 2 日（農曆二零二二年九月初七）元朗沙江圍山頭盆菜

2022 年 10 月 2 日，筆者於上午 11 時 45 分到達輝記盆菜位於元朗安勁工業大廈三樓的工場。工場空間寬闊，近大門的一邊設置了七個爐頭並各放上了一隻大的生鐵鑊，工場中間擺放了四張金屬製的長桌，場內另有一角空間可接駁水喉及設有兩個爐頭。

鄧師傅這天為元朗的沙江圍烹煮「山頭盆菜」，即村民祭祖後享用的盆菜，是次訂單包括 21 盆大盆菜和 4 盆小盆菜。師傅指一盆盆菜約

---

39 同上註。
40 同上註。

圖 30　輝記盆菜的工場環境，攝於 2022 年 10 月 2 日。

花五斤生豬肉，豬肉經過烹調後，每盆約有三斤豬肉，故這次煮盆需處理超過六十多斤的豬肉。

問及師傅現在會否有村落邀請他親自前往山頭祖墳即場烹煮盆菜，師傅憶述大約 20 年前，有些村落會要求師傅在現場打盆，但大多數都是由師傅把食材煮好後再運去村民面前打盆，而非在現場烹煮；而現今因人手和運輸成本等原因，多數村落都選擇訂購已烹調和包裝好的盆菜，送至村落祠堂享用。

筆者到達時，鄧浩存師傅正拿著一個螺絲起子給豆卜穿孔，以便烹煮時醬汁更易滲入豆卜，使豆卜更入味；一名男助手正在爐頭前撈起炸過的枝竹，及用另一隻大鑊以沸水煮已斬成大塊的豬肉；三名女助手則在另一旁用水清洗芋頭，以及十多隻表面已稍熟的白切雞。部分食材和調味料已經準備妥當：已切成塊狀的門鱔乾，經過浸發的豬皮和冬菇分別用膠盆盛好，置放於工場中間的長桌旁的矮架子上；各

式調味料，包括南乳、蠔油、五香粉、已打成粉狀的花椒八角、胡椒粉、玫瑰露、雞粉、薑、蔥頭、蒜、大頭菜都放在長桌上，以待一會烹煮食物時使用。

上午 11 時 55 分，女助手們清洗乾淨白切雞後，便用一個大鍋盛一鍋水，並放入一個包著薑、蔥的湯料袋和一些鹽於鍋中，把大鍋放在爐上開火加熱，再把所有雞隻放入鍋中，至鍋中的水沸騰便關火，蓋上鍋蓋，用餘溫來把雞浸熟，師傅指這樣浸煮雞隻可確保雞肉的口感嫩滑。

完成白切雞的烹煮工序，女助手們便開始替芋頭削皮。另一邊廂，趁著豬肉在鑊中水煮的期間，師傅和男助手拿出幾個金屬製的舀子，分別給舀子倒入不同量的調味料和片糖，以調配烹煮各項食材時需用到的調味。

中午 12 時正，一名女助手幫忙把經過水煮至六成熟的豬肉撈起，放入兩個大膠盆中，然後拿一根筷子往每塊豬肉的皮上插孔，並抓一把鹽抹在豬皮上，再在豬皮上塗上加了水的老抽，來使煮出來的豬肉顏色更好看。[41] 男助手這時則把油倒入鑊中煮滾，待中午 12 時 05 分，男助手把經女助手塗過鹽和老抽的豬肉放入鑊中稍炸，師傅說炸豬肉會讓豬皮鬆化及使豬肉定型，炒豬肉時肉便不易炒爛。豬肉炸約三分鐘，大概至七八成熟便可，以免一會燜煮時肉汁流失和肉質過老；再把豬肉撈起，放入冷水中「過冷河」來使豬皮收縮，好讓將豬肉切成

41　同上註。

圖 31　預先調配好烹煮各項食材時用到的調味料，攝於 2022 年 10月 2 日。

圖 32　師傅正替豆卜穿孔，攝於 2022年 10 月 2 日。

圖 33　以開水氽燙的豬肉，攝於 2022 年 10 月 2 日。

圖 34　在鍋中浸熟的雞隻，攝於 2022 年 10 月 2 日。

細塊時豬皮不會軟爛；接著助手們把豬肉放入數個小膠盆中，待一會切成細塊。

約中午 12 時 17 分，男助手把豬肉拿至長桌上，把豬肉過肥的部分用菜刀切去，再把豬肉切成條狀放回膠盆。師傅提到他們選用的豬肉是「三層肉」，有肥肉、瘦肉及豬皮三層，並指圍村人喜歡吃有點肥的豬肉，過瘦的豬肉不好吃，但過肥的地方則須切走。同一時間，兩名女助手把由男助手切成條狀的豬肉塊，再切成一片片約 1.5 厘米厚的豬肉塊，為此師傅解釋燜豬肉需切厚塊以確保燜煮時不易煮爛。

另一名女助手在這時正把在大鍋中浸熟的白切雞撈起，分批放在數個大的金屬盆上備用，再把一大袋白魚丸倒入一個大膠盆中，以清水清洗。有關採用白魚蛋的原因，鄧師傅提到過去煮盆是用鯪魚肉加鮫魚肉親自打成的傳統魚丸，惟現在鮫魚來貨不穩，故嘗試轉用白魚蛋，獲得食客不錯的評價，之後便一概改為採用白魚丸。顧客若有要求，亦可改回傳統魚丸。洗好白魚丸，這名女助手便幫忙把豬肉切成厚塊。

鄧師傅講解了一些助手們正在進行的工作後，繼續為豆卜穿孔。這時一名員工把經過浸發和裁剪的魷魚運到工場，把魷魚放到長桌上。師傅說這是阿根廷魷魚，魷魚的表面切有菱形坑紋，使魷魚煮熟後捲起時會更美觀。把食材準備完畢後，師傅和男助手拿出幾個大的金屬製保溫桶待用。

中午 12 時 34 分，鄧師傅開始烹調豬肉。因為量多，故需要同時用兩隻大鐵鑊來烹煮。把鑊加熱，加入油、薑、蔥、蒜、大頭菜絲，

略炒一會，再加入少量五香粉、花椒和八角粉，加入約六湯匙的南乳，炒數下，再澆一點玫瑰露入鑊中。一邊把調味料炒勻，一邊往鑊中加少量水，接著倒入老抽拌勻。再把豬肉倒入鑊中不斷翻炒，使豬肉均勻地沾上調味料，炒了好一會，師傅才給鑊中加水，水量約至豬肉面，並放入約六片片糖，多炒數下，蓋上鑊蓋以慢火燜煮。在鄧師傅給第一鑊豬肉加水的同時，男助手替其開啟旁邊的爐頭，把調味料加入爐頭上的鑊中，以便師傅開始烹調另一鑊的豬肉。

約中午 12 時 40 分，女助手們清洗好用來切豬肉的砧板，開始把枝竹切成方便享用的長度。男助手在正煮著豬肉的兩個爐頭旁又多開一個爐頭，盛一鑊水加上玫瑰露燒開，再走往長桌把芋頭切成約兩厘米粗的長條狀。

中午 12 時 45 分，師傅蓋上第二鑊豬肉的鑊蓋作燜煮，接著把魷魚放入男助手加了酒煮開的開水中汆燙，給魷魚「汆水」，他解釋這工序可以洗走魷魚表皮上的黏滑物，並加入玫瑰露去除魷魚的腥味。把魷魚稍煮一至兩分鐘，便可撈起備用。在豬肉燜煮的期間，師傅曾揭開鑊蓋加入少量麻油、數粒雞精和三小匙蠔油，拌炒數下再蓋上鑊蓋繼續燜煮，偶然會開蓋炒數下，看看水量是否需要再添。

下午 1 時 02 分，在師傅料理燜豬肉的同時，女助手們拿出已解凍的冰鮮大蝦，剪去大蝦的腳和頭上尖刺，以便食客享用。鄧師傅表示他們對蝦隻的大小要求為約一隻手掌大，因為蝦的生產具季節性，

圖 35　燜煮後的豬肉，攝於 2022 年 10 月 2 日。

所以會因時選用不同的蝦種，如海明珠和虎蝦。大盆的盆菜會放十隻蝦，細盆則會放六隻，這次的「山頭盆菜」要用約二百多隻大蝦。[42]

清洗乾淨之前用來給魷魚「汆水」的大鑊，男助手便在鑊中加水，放上金屬製的蒸籠，開啟爐頭，再蓋上鑊蓋來預熱，以備一會蒸門鱔乾時使用。到下午 1 時 12 分，這名男助手又開啟了另一個爐頭，往爐上的鑊倒油，把油加熱至合適溫度便開始炸芋頭，約炸了四分鐘，炸芋頭便宣告完成，撈起放入一個金屬鍋待用。

下午 1 時 17 分，第一鑊的燜豬肉燜煮完畢，鄧師傅加了小半舀的芝麻醬和老抽於豬肉中，指可以為燜豬肉增添香味和顏色；然後從鑊中盛起一大碗的燜豬肉汁，以備一會煮其他食材時用；再翻炒豬肉數下，至醬汁都吸附在豬肉表面。師傅把燜好的豬肉舀入一個大的保溫桶中，豬肉燜煮至現在約有八九成熟，放入保溫桶用豬肉自身的餘溫

42　同上註。

以加熱豬肉，到打盆時豬肉便剛好全熟；確保豬肉不會過熟，肉質足夠柔軟而不致軟爛。[43]

約下午 1 時 20 分，兩大鑊豬肉都燜煮完畢，並已放入保溫桶，師傅和男助手清洗乾淨兩隻鑊後，便沿用這兩隻鑊來繼續烹煮其他食材。師傅負責烹煮冬菇，男助手則負責給枝竹「汆水」。

師傅把鑊燒熱後，放入薑、蔥頭、大頭菜、蒜和油來翻炒，再澆一圈玫瑰露，倒入一舀以蠔油、糖、鹽、麻油等調味料調配成的醬料，加小半鑊水，翻炒一會，才倒入冬菇。冬菇選用了厚身而大顆的，據聞吃時口感會更好。[44]師傅不斷翻炒拌勻冬菇和醬汁，約炒了一兩分鐘，便舀了一匙醬汁來試味，確認味道足夠便繼續翻炒，至冬菇入味且醬汁呈黏稠狀，便告完成，遂把冬菇盛入一個保溫桶待打盆用。

在師傅旁邊的爐灶前，男助手向鑊中倒入大半鑊水，開火加熱至水沸騰起來。約下午 1 時 26 分，把枝竹放入沸水中汆燙，五分鐘後再撈起枝竹，放在一旁待用。鄧師傅解釋枝竹經過油炸來定型，替枝竹「汆水」（即用沸水汆燙）可給枝竹去油，吃時味道便不會那麼油膩。

在男助手汆燙枝竹的期間，師傅烹煮完冬菇，迅速把鑊洗淨，開火把洗鑊時流下的水加熱到蒸發，預備用這個鑊煮門鱔乾。下午 1 時 32 分，師傅抓了一把蔥、蔥頭、蒜、薑、大頭菜絲放入鑊中，倒了一

43　同上註。
44　同上註。

點油來熗鍋，下了一小把五香粉與花椒八角粉，把調味料炒勻後澆一圈玫瑰露，倒入一舀早前用南乳、蠔油、糖、老抽等調味料調配好的醬料，再加小半鑊的水。接著，師傅在稍早前預先盛起備用的那碗燜豬肉汁中，舀了一大舀，加入鑊中，說可使燜門鱔的味道更香。蓋上鑊蓋，把鑊中的醬汁煮沸。

師傅提到，門鱔乾是把黃鱔曬乾而成的，是一道圍村人喜歡、懷舊的菜式，市面上比較少見，加入盆菜中可為盆菜增添濃郁的味道。輝記盆菜每盆盆菜約花八兩重的門鱔乾，選用的門鱔乾厚身且大塊，以確保味道和口感，故一斤門鱔乾的價值約港幣二百多元。[45] 門鱔乾買回來後，師傅和助手們會先拿去油炸，再用沸水汆燙來去油作初步的準備工夫。[46]

約下午 1 時 36 分，鑊中的醬汁煮至沸騰，鄧師傅倒入門鱔乾，加一點水，用鑊鏟拌一拌門鱔乾，再蓋上蓋子燜煮。師傅指門鱔乾不宜燜煮太久，否則容易煮爛，因此只需燜一會讓醬汁入味，之後再蒸門鱔乾讓其柔軟起來。

另一邊廂，男助手汆燙完枝竹過後，便即時洗鑊，再用這個鑊盛了大半鑊水，加入玫瑰露來加熱，用來汆燙豬皮，給豬皮「汆水」。跟

45　同上註。
46　同上註。

魷魚一樣，這個工序可洗去豬皮表面的黏滑物，去除豬皮的腥味。[47] 汆燙豬皮後，把豬皮撈起待用。

　　燜門鱔乾期間，師傅曾揭開一次鑊蓋，給鑊裏添加一舀燜豬肉汁。約下午 1 時 45 分，門鱔乾燜煮完成，被盛入一個金屬碟子中，再把門鱔乾放入上文提及男助手放置的金屬製的蒸籠，並拿到已預熱的鑊中蒸煮。

　　同一時間，男助手開啟了另一個爐頭，向鑊中倒入大半鑊的油，待油加熱至滾燙，便把之前女助手們剪去腳和尖刺的冰鮮蝦拿來炸。炸了一會兒便撈起盛至塑膠籃中，供待會再炒。而這時女助手們正給白蘿蔔削皮和切塊。

　　炸過大蝦，男助手便拿來魷魚稍作油炸，再撈起備用。下午 1 時 53 分，之前用來汆燙枝竹的鑊經過清洗，盛了大半鑊的水加熱，師傅放入切好的白蘿蔔於沸水中，蓋上鑊蓋來煮蘿蔔，其間師傅會偶然揭開鑊蓋，看看蘿蔔的情況，並加入一點白糖來去除蘿蔔的澀味。[48] 趁著煮蘿蔔的時間，師傅洗好之前燜門鱔乾的鑊，準備用這個鑊來燜煮枝竹。

　　下午 1 時 57 分，師傅以蔥、蔥頭、蒜、薑、大頭菜絲和油來熗鍋，加入一點五香粉，澆一圈玫瑰露，倒入調好的醬汁，加水至半鑊

47　同上註。
48　同上註。

滿，再盛一舀燜豬肉汁進鑊，蓋上鑊蓋把醬汁煮沸。約下午 2 時，加入枝竹於醬汁中，翻炒拌勻，又蓋上鑊蓋燜煮數分鐘，其間師傅會舀一匙醬汁試味，及加入少量老抽來增添顏色，待枝竹入味便撈起，瀝出多餘的醬汁，把枝竹放入一個保溫桶中，燜枝竹便告完成。

下午 2 時 05 分，師傅開始處理燜豆卜。把鑊中之前煮枝竹的醬汁舀走一些，留下小半鑊的醬汁，加入一舀燜豬肉汁，加水至半隻鑊滿，蓋上鑊蓋加熱。數分鐘後揭開鑊蓋倒入豆卜，用漏勺把豆卜和醬汁拌勻，不時把浮上醬汁面的豆卜壓下去吸收醬汁，再蓋上蓋子燜煮豆卜。燜了約六七分鐘，便把燜豆卜撈起，盛進金屬鍋中待打盆時用。順帶一提，師傅提及夏天時煮盆菜是不會放豆卜的，因豆卜容易受炎熱天氣影響而變壞。

與此同時，男助手洗好炸魷魚的鑊，再在鑊中盛入水和玫瑰露，汆燙白魚丸來去除魚丸的腥味。燙了數分鐘，便撈起魚丸待打盆時用。

下午 2 時 16 分，師傅開始煮豬皮，男助手幫忙把已煮熟的白蘿蔔盛入一個大鐵鍋中備用。在之前燜豆卜用的鑊中加水，不用倒去燜豆卜的醬汁，再加上一舀調好的醬料和一舀燜豬肉汁拌勻，蓋上鑊蓋煮熟醬汁。兩三分鐘後倒入之前經過「汆水」處理的豬皮於醬汁中，翻炒拌勻，再蓋上鑊蓋燜煮，偶然揭蓋炒數下。不用多久，約下午 2 時 23 分，師傅便盛起豬皮放入一個大鍋中待打盆時用。

而男助手汆燙了白魚丸後，便開始烹煮豉油炒大蝦。下午 2 時 21 分，他把鑊燒熱，再放入油、辣椒粒、薑、蔥和蒜，炒香後澆一圈玫

圖 36　女助手正幫忙把雞隻切件，攝於 2022 年 10 月 2 日。

瑰露，然後倒入一舀老抽，把醬汁煮至沸騰才倒入大蝦，翻炒數下至醬汁均勻地包裹大蝦，便可盛起，待一會打盆用。

　　同一時間，女助手們正幫忙清洗用具及把經過浸熟的白切雞切件，被切成小塊的雞件以半隻雞為一組放於碟上。

　　約下午 2 時半，筆者跟鄧師傅做了一個約半小時的訪問，其間助手們幫忙把經過油炸的魷魚用調味料和醬汁作燜煮，盛入一個大鍋中待打盆用。

　　下午 3 時 25 分，師傅和助手們開始打盆。他們在工桌中央的長桌上放置了 21 個大鐥盆和 4 個小鐥盆，作盆菜的盛器，再把食材平均地分配入各鐥盆中。盆菜的食材從底層到頂層的排序如下：首先依序分別是白蘿蔔、枝竹和豆卜，接著疊上豬皮、魷魚、門鱔乾和已拌過燜豬肉汁的炸芋頭；放上燜豬肉，豬肉上放十數顆白魚丸，再放十數隻冬菇於中間；最後每大盆放十隻大蝦，小盆六隻大蝦，把大蝦沿鐥盆

圖 37　完成打盆的盆菜，攝於 2022 年 10 月 2 日。

邊緣對稱擺放，食材中間放上一隻已切件的白切雞，再在雞件上放一兩棵芫茜作點綴，便大功告成。

打盆用時約半小時，接著師傅和助手們把盆菜逐一以鋁箔紙包裹，包裹後用小刀給鋁箔紙刺幾個透氣孔，以免蒸汽影響食物的味道。一名女助手拿起一盆小盆菜，放在供奉土地神的牌位前的一張小板櫈上，小板櫈旁有一個正在燒衣紙的化寶盆。問及師傅有關這盆小盆菜，師傅說這是圍村習俗，每次開工煮盆，也會多煮一盆給自己拜神用，拜完神後便留給自家享用。

下午 4 時，輝記盆菜的貨車和職員已到達工場樓下，師傅用手推車把包裹好的盆菜和一大桶預先煮好的白飯運至樓下，然後跟運貨的職員一起把盆菜放上貨車。當一切打點完畢，鄧師傅便乘坐貨車，把盆菜運至輝記盆菜的門市部，等待沙江圍的村民前來領取。

第三節：粉嶺圍

村落簡介

上文屏山鄧氏的「食山頭」個案，我們所看到的是盆菜背後村落的一套祭祀文化和組織。盆菜作為一個把宗族成員凝聚起來的載體，除了在祭祀上有其角色，在鄉村的婚嫁、添丁和壽宴等喜慶場合亦佔有一席位。特別是婚嫁和添丁，食盆所意味的是新成員的加入和宗族群體對新成員合法身份的認可。[49]

每逢農曆正月，不少村落都會舉辦點燈儀式來向祖先和神明稟告村中有男丁出生。這是源於「丁」和「燈」發音相近，點燈亦有「繼後香燈」之意。[50] 點燈過後，村民多會歡聚一起享用宴席，是為「燈酒」或「丁酒」，而粉嶺圍彭氏便是保留了這個傳統的村落之一。

粉嶺圍建立於明朝萬曆年間。按《寶安縣粉嶺鄉彭桂公祖系族譜》所載，粉嶺彭氏以彭桂為「宋初太始祖」，彭桂以農業開基，在南宋末攜一子從東莞南下至寶安縣龍山，後為鄧姓所偪，遂徙居至現今的粉嶺樓村的位置。他的子孫又於明萬曆年間遷居至粉壁嶺，立圍而居，

---

49 華琛：〈同吃一盆菜〉，頁 90–91。

50 有關鄉村點燈的儀式，可參考「香港記憶」網頁，https://www.hkmemory.hk/MHK/collections/local_festivals/festivals/lunar1/1_2/index_cht.html，瀏覽日期：2022 年 7 月 15 日。

這便是粉嶺圍的由來。[51] 粉嶺圍在過去被高約兩丈，以花崗石為牆基並覆以青磚的圍牆包圍成方形狀，但現在圍牆和壕溝已被拆除和填平，只剩下圍門、門樓、兩個碉堡及門前的風水魚塘。[52]

雖然不少村落同樣會舉辦春秋二祭和點燈等儀式，但在具體的執行上還是有所差異。粉嶺圍彭氏於每年農曆二月初二和九月初八皆會在祠堂祭祀祖先，參與祭祀者包括族長、族中司理及 60 歲以上的父老（壽員），祭祀活動由該年管理祖堂嘗產的司理負責。祭祀後，祭祀的參與者會在祠堂內食盆，並同時分配各祖堂嘗產的紅利和花紅。[53]

清明和重陽或兩者前後的日子，彭氏子孫會前往祭拜始遷祖、分房祖和家庭直系祖先的墳墓。其中開基祖的祭祖定在清明和重陽當天，以及在祖墓前「食山頭」。不同於屏山鄧氏以投標形式來舉辦食山頭，粉嶺圍彭氏祭祖所用之祭祀用品和祭祀後「食山頭」的盆菜則是由「山頭頭」及其家人負責籌辦。所謂「山頭頭」，是按出生年月日來編排，彭氏男丁出生後必須向宗族登記，日後便要擔當「山頭頭」，負責春秋墓祭，他們一生只會任「山頭頭」一次。每年的「山頭頭」共 20 人，若該年有多於 20 名有資格當「山頭頭」的男丁，餘下的便留待翌年充當。[54]

51　陳國成：《香港地區史研究之三：粉嶺（增訂版）》（香港：三聯書店，2019），頁 9。
52　〈粉嶺圍〉，香港賽馬會「港文化 · 港創意」網頁，https://had18.huluhk.org/article-detail.php?id=518&lang=tc，瀏覽日期：2022 年 7 月 15 日。
53　蔡志祥、韋錦新編：《延續與變革：香港社區建醮傳統的民族誌》（香港：香港中文大學出版社，2014），頁 11。
54　同上註，頁 11-12。

粉嶺圍每年的點燈日子不定,但必定在正月舉行,實際日期則在上一年的農曆十一月擇日決定。點燈當日會有八位「神頭」負責服侍各神明,把北帝、文昌和關帝諸神請至神棚。神頭是按村民結婚年份輪候擔任,一生一次。一般輪候時間是三十多年不等。[55]

彭坤穩師傅介紹

彭坤穩師傅在 1990 年代已為粉嶺圍彭族大德堂、二房啟壁祖等製作盆菜。每逢村中點燈、春秋二祭、酬神祈福,以及個別村民婚姻嫁娶、入伙喜慶之事,彭師傅會被邀請幫忙購備食材及主理整個盆菜的製作。

據村民透露,彭師傅曾跟從村兄弟彭榮祿先生學習煮盆。彭榮祿師傅來自二房派下分支思穩祖,曾任村中巡丁。可惜兩位師傅已仙遊,有關他們的煮盆歷史、經驗分享已知不多。

---

55 有關神頭的角色,可參考蔡志祥、韋錦新編:《延續與變革》,頁 9;有關粉嶺圍彭氏由「神頭」設「丁酒」,可參考〈粉嶺圍開年:八百年習俗 搶雞毛吉利〉,《蘋果日報》,2013 年 2 月 11 日。

考察紀錄：2022 年 2 月 4 日（農曆二零二二年正月初四）粉嶺圍「丁酒」盆菜

據彭坤穩師傅說，粉嶺圍的盆菜不論是婚宴、壽宴、添丁酒等喜慶場合，所用的食材都是一樣的，惟清明和重陽會有所分別：清明時會用「雪菜」，重陽則會下「鹹菜」。[56] 2022 年 2 月 4 日，農曆新年正月初四這天，是粉嶺圍彭氏為添丁點燈所擇之日。是次彭師傅要做的盆菜共約 30 盆。

盆菜的食材包括：白蘿蔔、枝竹、豬皮、慈菇、門鱔乾、炸新鮮門鱔、魷魚、西芹、豆卜、木耳、燒肉、白切雞及燜豬肉。師傅說門鱔乾和炸門鱔在結婚時一定要有，以表示喜慶，而燒肉和雞也是喜慶時會加的食材。問及師傅為何圍村盆菜會以門鱔作食材，師傅解釋是由於門鱔是四季也可享用的食材，既可以新鮮製作，也可以製門鱔乾。

當筆者中午 12 時半到達彭氏宗祠旁的廚房時，師傅和五名女性助手正在用柴火灶頭上的兩隻大鑊煮飯，並同時把燒豬切件（圖 40）。白切雞已完成斬件，半隻為一碟置放於廚房的一張桌子上（圖 41），白蘿蔔已被煮過，魷魚和豬皮亦經過了基本的烹煮（圖 42），門鱔和門鱔乾已被斬件炸過，要燜的豬肉也已經切塊「汆水」（圖 43）。

是次要煮約 30 盆盆菜，共用了 90 斤豬肉作燜豬肉，並有一隻大燒豬。其後有村民再送來一隻小燒豬，為個別訂購的盆菜加菜。

---

56 彭坤穩師傅訪問稿，2022 年 2 月 4 日。

圖 38　彭師傅記錄各神頭需要的盆菜量，攝於 2022 年 2 月 4 日。

　　約下午 1 時 05 分，白飯煮好後，師傅和助手們把白飯裝入兩個大保溫壺中，而飯焦則會特意刮走丟掉。彭師傅這次煮盆，全程也只用柴火灶上的兩隻鑊來煮食。清洗好煮過白飯的兩隻大鑊，師傅和助手們於下午 1 時 35 分開始烹煮盆菜。首先煮豆卜燜門鱔，先把蒜蓉、南乳、麵豉加水下鑊，稍煮一會再下豆卜。蓋上鑊蓋煮一會，其間助手會把廚房盆中的炸新鮮門鱔舀入另一個小盆中，方便一會分開倒進兩個大鑊。打開鑊蓋，用鑊鏟拌了幾下豆卜，便把炸門鱔放入鑊中，蓋上鑊蓋繼續烹煮。稍煮一會，師傅又打開鑊蓋用鑊鏟炒食材，而助手則把蔥倒入豆卜和門鱔中，並幫忙加水和薑汁酒。約下午 1 時 45 分，豆卜燜門鱔便告完成，被盛起置於空盆中。

　　再把鑊清洗一下，便開始煮魷魚炒西芹。把魷魚下鑊稍為炒幾下，再放入西芹，師傅一邊炒著，助手一邊倒入蠔油。多炒一會，再加入薑汁酒，再多炒數下，便可盛入大盆中。因為魷魚在下鑊前已經過烹煮處理，故炒這道菜的用時不長，約四分鐘便完成。

　　把鑊清洗乾淨，約下午 2 時 02 分，師傅開始燜豬肉。待兩隻鐵鑊燒紅，便把經「汆水」的豬肉倒入，進行翻炒。其間加入薑汁酒，薑汁

圖 39　粉嶺圍宗祠廚房的柴火灶頭，攝於 2022 年 2 月 4 日。

圖 40　女助手們正把燒豬切件，攝於 2022 年 2 月 4 日。

圖 41　斬好的雞件，攝於 2022 年 2 月 4 日。

圖 42　已經過基本烹調的豬皮和門鱔，攝於 2022 年 2 月 4 日。

圖 43　將用作燜豬肉的豬肉塊，攝於 2022 年 2 月 4 日。

圖 44　正在烹煮的白飯，攝於 2022 年 2 月 4 日。

圖 45　薑汁酒，攝於 2022 年 2 月 4 日。

酒是把薑片混入玫瑰露和廣東米酒而成（圖 45），師傅說加入薑汁酒
是為了去魚腥，同時廣東米酒（燒酒）可以去除豬肉的腥味。再倒入
大量南乳及幾片片糖，蓋上鑊蓋燜一會，再放入門鱔乾，再燜一會，
放慈菇。

　　是次的盆菜是為慶祝男丁出生做的，故盆菜內會加入慈菇，寓意
「添丁」。加入慈菇再燜，然後加入木耳，再來是枝竹，最後是豬皮。
其間師傅會就醬汁的味道再多加薑汁酒、南乳及片糖等調味料。煮至
一定時候，便用水澆熄灶內一部分柴火來減弱火力。細火燜煮好一會
兒，下午 3 時 40 分便告烹煮完畢。把鑊中的燜豬肉和食材盛入兩個大
鍋中，預備稍後打盆。

　　約下午 4 時半，師傅和助手們開始打盆，把各樣食材置入鍮盆
中。一盆盆菜大約可分作五層，從最底層依序說上去，五個層次如
下：第一層是白蘿蔔，第二層為豆卜煮炸新鮮門鱔，第三層是加入了

圖 46　烹煮中的燜豬肉，攝於 2022 年 2 月 4 日。

門鱔乾、慈菇、木耳、枝竹、豬皮等材料所燜的豬肉，第四層為魷魚炒西芹，第五層便是半隻切雞和斬件燒肉。

　　因疫情關係，大部分的盆菜都會由村民取回家，而不是像往日般在祠堂聚餐。所以助手們完成打盆後，便會給盆菜蓋上兩層錫紙包好。雖然神頭和家屬預計在下午 5 時來拿盆，但約下午 4 時半起便逐漸有人前來廚房取盆菜。除了盆菜，族人亦會在廚房的一個紙箱中，拿取即棄膠碗、筷子、紙杯，並將已裝入白飯的保溫壺一併拿回去。

　　當所有盆菜都被取走後，師傅和助手們便把所有用具和廚房環境清潔乾淨，然後離去。

圖 47　打盆中的盆菜，攝於 2022 年 2 月 4 日。

圖 48　打包好的盆菜，攝於 2022 年 2 月 4 日。

第四節：沙田小瀝源村

村落簡介

上文的多個個案都為單一姓氏的村落，但村落間的饗宴文化並不只存在於同一姓氏的群體。在一些雜姓聚居的村落中，宴席更是發揮著維繫不同群體的功能，把不同姓氏的人凝聚成一個村落的群體，小瀝源村正是這樣的一個例子。

小瀝源村建於明朝萬曆年間，是沙田最古老的村落之一。這條村最初被稱為瀝源篤，後稱瀝源洞；又因村落三面環水而被稱作水瀝源，最後因為「水」和「小」的一音之轉，成了現在的名字。[57]

這條村落為五姓聚居，最先遷入的是蔡姓，然後是吳、楊二姓，最遲的是鄒、黃二姓。據聞小瀝源蔡氏的祖先為周文王兒子蔡叔度的後人，蔡氏的第七世祖蔡景松在明萬曆年間自東莞唐下村攜同妻兒南下至小瀝源定居，以農業開基，建立鄉村。而村中吳氏的祖先在明萬曆年間則是從新安縣南頭鎮水瀝圍遷至九龍城衙前圍，先祖有四子，其中三子吳達鳳再卜居小瀝源。至於楊氏扎根小瀝源的起源，據說是

---

57 〈水牛山麓一古村　五姓聚居小瀝源〉，載《沙田古今風貌》編輯委員會：《沙田古今風貌》（香港：沙田區議會，1997），頁 41。

楊氏的始祖為躲避海盜，故舉家自新安遷移至瀝源，並在此地務農為生。[58]

作為一條雜姓村落，不同姓氏群體的文化彼此交匯，形成獨特的村落文化。這次所採訪的小瀝源村原居民楊九師傅便回憶過去村民會在各自村落的祠堂點燈，點燈後整條村的村民會聚在村中的空地一起吃慶祝添丁的「丁酒」，或是在其他節慶場合，村民也會無分姓氏一起舉辦宴席。[59]

楊九師傅介紹

楊九師傅在有逾 60 年歷史的沙田「盛記麵家」中專責烹煮盆菜，可說是盛記盆菜的主廚；與此同時，他是沙田小瀝源村的原居民，至今已任村長二十多年，見證著小瀝源村的節慶宴會形式從「九大簋」到盆菜的變化。

透過楊師傅的故事，我們可窺探沙田的盆菜文化，如何由村落的節慶飲宴，發展為現代的商業生意。

58　同上註，頁 41–42。
59　楊九師傅訪問稿，2022 年 7 月 10 日（筆者團隊跟楊師傅共做了兩次訪問，分別是 2022 年 5 月 19 日及 2022 年 7 月 10 日）。

　　楊師傅出生於 1952 年，其父楊來福從事飲食工作，每逢村中有喜慶事，便會找楊師傅的父親和叔伯做菜，[60] 因此楊師傅小時候便跟隨父親前去煮菜，幫忙燒柴生火，看長輩怎樣料理宴席裏的食物。楊師傅十多歲時便正式入行，在村外的酒家工作，曾任樓面和廚房等崗位；直至 1992 年，師傅工作的店舖結業，他便北上內地做了幾年生意；到 1994 年，師傅從內地回港，在其舅子的店舖，亦即「盛記」工作至今（楊師傅的岳母是「盛記麵家」的老闆，其後麵家由她的三位兒子接手經營）。[61]

　　師傅說他從 1994 年開始烹煮盆菜，換句話說，他自開始盛記的工作，便開始煮盆。他憶述當時作為麵檔的盛記會煮盆菜，是因為盆菜在香港流行，有不錯的環境來發展這門生意，故嘗試做盆菜販售並一直煮盆至今。師傅提到，盛記盆菜的做法不同於外間其他的盆菜，是「做返本村的客家盆菜」，可見盛記盆菜強調的是小瀝源村的客家味道。[62]

　　那麼，師傅的「客家盆菜」和出自本地圍村的「本地盆菜」又有何分別？這便要從「九大簋」說起。師傅稱他們的「客家盆菜」其實是從「九大簋」演變而來的。過去小瀝源村都是做用一缽一缽的雞公碗所盛上的「九大簋」，其後發展成把一缽缽的菜式都放入盆中，演變成盆菜。師傅指這個演變大約自 1990 年代開始，1994 年他回港煮盆

60 〈【飲食籽】從賣麵到做盆菜　家族麵店屹立瀝源半世紀〉，《蘋果日報》，2018 年 1 月 30 日；〈獨樹一幟話「盤菜」〉，《樂怡生活》，2017 年 12 月 20 日。
61 楊九師傅訪問稿，2022 年 5 月 19 日。
62 同上註。

時已出現了這樣的「客家盆菜」。[63] 故此,「客家盆菜」中不少的菜式實是源於「九大簋」。而盛記的「客家盆菜」,除了滿載著小瀝源村「九大簋」的印象,亦加入了師傅的巧思,例如筆者在拍攝師傅煮盆時問道為何盛記盆菜會有一道「酥炸芋頭」,師傅說是自己為盛記設計盆菜時想到,並加進去的。[64]

小瀝源村的「九大簋」是村中五姓共同享用的,無分姓氏。每逢有村民需進行紅白二事,全村家家戶戶都會主動出來幫忙。[65] 楊師傅也憶及過去村裏新年添丁點燈的情況,村民會在各自的祠堂點燈,然後整條村的村民會聚在村中的空地吃丁酒。此外,村民在其他節慶場合,也會無分姓氏一起舉辦宴席。[66]

除了父親和叔伯,村中上一任村長吳水也是楊師傅的恩師。吳水師傅在 2021 年去世,小瀝源村的村公所便是由其創辦。楊師傅追憶過去看著吳水師傅煮「九大簋」,又獲其教授如何紮麒麟和花燈。從吳水師傅傳授技藝予楊師傅的經歷,可進一步看到小瀝源村村民之相處模式,各姓氏相互融和形成村落共同的文化。[67]

小瀝源村「九大簋」的九道菜式多為燜豬肉、茄汁蝦碌、髮菜蠔豉冬菇、白切雞、腰果炒雞雜、粉絲蝦米、燒肉、燜腐竹豬皮與甜酸燜

63 同上註。
64 楊九師傅訪問稿,2022 年 7 月 10 日。
65 楊九師傅訪問稿,2022 年 5 月 19 日。
66 楊九師傅訪問稿,2022 年 7 月 10 日。
67 楊九師傅訪問稿,2022 年 5 月 19 日。

門鱔，當中大部分菜式都有「好意頭」（好寓意），如燜豬肉便代表「家肥屋潤」。[68] 我們過往訪問過的師傅都說盆菜的精髓是燜豬肉，楊師傅也表示「客家盆菜」的特色是燜豬肉，並強調地道客家人燜豬肉的醬料較其他做法更香。不同於其他燜豬肉的做法會先放醬料再下豬肉，小瀝源村的燜豬肉會先把豬肉放入鑊，才在豬肉上鋪上醬料，蓋上蓋子讓味道滲透入豬肉中，形成其特有的風味。

回顧小瀝源村吃「九大簋」的時節，村民在紅白二事都會舉辦。若是白事的話，會從九道菜減至七道菜，於儀式後食用。減去的菜皆是有喜慶寓意的：如粉絲蝦米，因粉絲是「長命菜」；茄汁大蝦，寓意嘻哈大笑；髮菜蠔豉冬菇，代表發財好市。燜豬肉與其他菜式則會被保留，再加一道青菜之類的菜式成七道菜，便是白事用的菜式。

而紅事方面，小瀝源村在婚嫁、點燈、大壽等喜慶場合都會做「九大簋」。筆者在拍攝師傅煮盆時又問及師傅小瀝源村的五個氏族都有自己的祠堂，那麼過去要煮丁酒的菜式時會否在各家的祠堂煮食和設宴？師傅憶道當時村民都會在正月十五先到自己姓氏的祠堂點燈，點燈後，整條村的人再聚在村中的大空地煮食和享用「九大簋」。

師傅又憶述自己最近一次煮「九大簋」宴，已是 1980 年代其妹妹結婚的時候。當日的喜宴大擺了四五十圍，只要村中有地方便用作擺

---

68 〈【籽想好食】探索香港盤菜　前身原來就係九大簋元祖圍村村長人情味炮製 50 年〉（影片），《壹週刊》，https://m.facebook.com/watch/?v=851793932304476&_rdr，瀏覽日期：2022 年 6 月 1 日。

酒，一路擺至祠堂那邊去，村中不少婦女都去了幫忙。問及村中的婦女會否自行烹煮「九大簋」或是煮盆，楊師傅提及一般是由村中的男師傅煮，然後婦女們主動出來幫忙。因為男性氣力較大，所以拿鑊煮菜的工作多由男性進行。[69]

「九大簋」所維繫的不只是小瀝源村本村，更聯繫了沙田多條村落。憶及童年時看父親和吳水老師傅煮「九大簋」，楊師傅說當時沙田其他村落，如牛皮沙村、大藍寮、石古壟、黃泥頭等客家村，也會邀他們去做宴席的主廚。過去村落間交流密切，到了 1990 年代，每當其他村落需要煮盆或是「九大簋」時，小瀝源村的師傅更是分文不受也會過去幫忙。到了現在，村落間曉得煮「九大簋」或煮盆的師傅已寥寥無幾。當沙田村落的村民得知楊師傅曉得煮「九大簋」，並在盛記任煮盆工作，便會在有需要時委託楊師傅和盛記提供盆菜。師傅也常在盛記把盆菜烹煮好，然後運往沙田各村落。[70]

昔日，「九大簋」的食材會在沙田的墟市中辦貨，當時的沙田墟多在上午營業，師傅會在宴會前幾天跟墟市中的商人說好，讓他們預備材料。

現在楊師傅多集中在中秋、冬至、新年和元宵這四個節日煮盆，主要客源是盛記的街客。而小瀝源村村民也會在年初三一起享用盆菜開年，到年十五元宵點燈的主人家也會訂購十多盆盆菜來招呼親朋。

69　楊九師傅訪問稿，2022 年 5 月 19 日。
70　楊九師傅訪問稿，2022 年 7 月 10 日。

　　盆菜在香港的流行程度，從師傅的煮盆數字可見一斑。在 2020 至 2021 年春節期間，盛記便已賣出超過四千多盆盆菜。往年師傅春節煮盆可煮至年十五，因為有不少村落會擺丁酒。惟因受 2019 冠狀病毒影響，盆菜的訂購數目大減，2022 年春節煮盆數約為二至三千盆，師傅也只煮盆至年初八。

　　盛記盆菜分大、中、小盆，大盆供 12 人用，中盆供 8 至 10 人用，小盆供 6 至 8 人用。2022 年因應疫情和限聚措施，更彈性地推出了供 2 至 3 人用的迷你盆，方便小家庭享用。

　　問及師傅未來煮「九大簋」和煮盆的傳承，師傅指現在很少人會來學習煮盆。他曾有兩名徒弟，一名會煮，一名未曾煮過。會煮盆的徒弟曾從事飲食業，現在已轉行，但每到新年，仍會回來幫忙，已做了兩三年的幫手。[71]

　　總結而言，透過楊師傅的「盛記客家盆菜」，我們可回溯昔日小瀝源村「九大簋」的面貌，從「九大簋」至「客家盆菜」的演變；了解食物如何聯繫村中不同姓氏，甚至不同村落的關係；以及盆菜如何在香港普及，從村落宴餚到店舖街客也會購來品嘗的歷程。

71　楊九師傅訪問稿，2022 年 5 月 19 日。

考察紀錄：2022 年 7 月 10 日（農曆二零二二年六月十二日）沙田小瀝源村楊氏婚宴

　　2022 年 7 月 10 日是楊九師傅的親屬後輩結婚的大喜日子，考慮到疫情和限聚措施的影響，新人選擇在村中設盆菜宴宴請親朋和鄰舍，而沒有在酒樓或酒店擺酒。平日為確保食物品質、容易控制食材，而多在秋冬時節才烹煮盆菜的楊師傅，為了後輩這個喜慶的日子，也難得地在夏季接下了委託，擔任是次喜宴的大廚。

　　由於小瀝源村的祠堂沒有設置爐灶，楊師傅便在瀝源村盛記麵家的廚房煮盆和打盆，接著再把盆菜送往小瀝源村設宴的空地。喜宴的前一天，楊師傅和盛記的幫廚們便開始著手準備，如清洗和切割部分食材，浸鹹菜片以去除鹹味，把切好的門鱔塊沾勻蛋漿再雪藏等。到了喜宴當天，盛家麵家的老闆張文強（細 B 哥）特意提早在凌晨 3 時回到盛記，除了為麵店當天的營業作準備，也替楊師傅預先處理部分盆菜用的食材，例如把要燜的豬肉以開水煮至八成熟，再給豬肉「過冷河」來去除豬肉的油膩，然後把豬肉切塊。是次盆宴需要盆菜 21 盆，總計需要豬肉 50 斤。

　　早上大約 9 時 45 分，楊師傅回到盛記，開始著手烹煮盆菜。因為燜豬肉需時，故師傅先煮這道菜。楊師傅把幾塊小方磚狀的南乳舀到一個大碗中，再用膠湯勺舀了幾勺磨豉醬，放入碗中，然後用膠湯勺把南乳弄碎，加入用八角、小茴、桂皮混合磨成的「神仙粉」，最後把南乳、磨豉醬和「神仙粉」攪拌均勻，便成了煮豬肉用的混合醬。

圖 49　鋪成圈狀，澆上蒜蓉和混合醬的
　　　豬肉，攝於 2022 年 7 月 10 日。

　　早上 10 時，師傅把一隻大的生鐵鑊放置在左邊的煤氣爐上，點上爐火，舀了一水勺的水到鑊中煮沸，再放入一把薑絲。這隻大鐵鑊比其他店裏的鑊更大，據師傅說，這隻大鐵鑊已用了十多年，專門用來燜豬肉。等待大鑊的水煮開時，師傅調了一大碗的芡粉水，放置於右邊的爐頭旁，以備稍後煮需要勾芡的食物之用。

　　早上 10 時 05 分，楊師傅把豬肉放入大鐵鑊中，把豬肉塊鋪成圈狀，中間留有一個洞，師傅說這樣可以使鑊裏的蒸氣散發得更快更平均，這個擺放豬肉的方法於用柴火灶的年代已經使用。師傅再在豬肉塊上平均鋪上蒜蓉，澆上由南乳和磨豉醬等拌成的混合醬料（圖49），然後加大爐火，蓋上鑊蓋燜煮豬肉。

　　約早上 10 時 15 分，趁著等待大鐵鑊內的豬肉燜熟入味，楊師傅開始用右邊的爐頭和另一隻鑊來烹調盆菜的其他菜式。他於鑊中倒入菜油，開火把油加熱至適合炸食物的溫度。有關使用菜油的原因，師傅解釋是基於擔心食用者中可能有對堅果或花生過敏的人，故不使用

花生油。等待菜油被煮熱的同時,師傅又去把已浸發過的木耳切成寬條,此做法可以方便食用者夾取享用。切過木耳後,師傅便拿出經雪藏並以蛋漿沾勻的門鱔塊解凍。因為門鱔塊被冰成一團,所以師傅要把解凍後的門鱔塊一片片地掰開,方便待會下鑊油炸。

與此同時,二百多隻冰鮮大蝦以大膠盆盛著,放在水喉下,用水浸著來解凍。待蝦隻融冰,兩位女助手用剪刀剪掉蝦頭的尖刺,避免食客被刺到;她們又在蝦肚上剪一刀,為了使蝦隻在烹調時更入味。她們說這些都是楊師傅教授的烹調技巧。

廚房另一邊的爐灶旁,細 B 哥也在幫忙炸盆菜裏的芋頭,被切成薄片的芋頭不加任何調味,在約早上 10 時 19 分下鑊作第一次的油炸(圖 50)。炸芋頭要經過兩次油炸,使表層酥脆,這樣可避免芋頭放入盆菜後會被其他菜式的醬汁浸至軟爛,影響口感。坊間其他盆菜甚少見有炸芋頭這道菜,楊師傅指這是自己於盛記製作盆菜時自創的菜式。細 B 哥盛起經一次油炸的芋頭,待它放涼,便開始炸鯪魚球(圖 51)。

細 B 哥說炸鯪魚球要用小火的油鑊「浸」熟,不可用大火炸。鯪魚球以純鯪魚肉製成,不會混雜其他魚肉;問及鯪魚球的調味配料,細 B 哥說配料很多,但總結起來便是「秘訣」兩字。

到早上 10 時 34 分,炸好鯪魚球,細 B 哥便給經過第一次油炸的芋頭片作翻炸。

圖 50　炸芋頭，攝於 2022 年 7 月 10 日。　　圖 51　炸鯪魚球，攝於 2022 年 7 月 10 日。

　　而楊師傅那邊，大約早上 10 時 24 分，他用鍚盆盛起部分門鱔塊，灑了些炸粉至鍚盆中，用手把炸粉和門鱔塊拌勻，接著拿著鍚盆走到正煮著菜油的右邊爐灶前，開始把門鱔塊一片一片地放入滾油中。師傅提到炸門鱔需選擇大條且厚身的鱔魚，炸這道菜需時約 15 分鐘，魚塊要用中火的油鑊「浸」，至魚塊浮上油面再開大火，稍炸一會才撈起來。與炸芋頭一樣，炸門鱔也要經過兩次油炸。為方便控制炸物的質素，楊師傅把所有門鱔塊分成三批，炸起一批才炸另一批。

　　早上 10 時 57 分，從油鑊中撈起最後一批炸門鱔，師傅便拿起盛著蠔豉的膠盆，把蠔豉一點一點地倒入油鑊中。用大漏勺和鑊鏟拌了拌鑊中的蠔豉，再開大爐火，讓蠔豉稍炸片刻，接著撈起放入一個鍚盆中，待一會再進行下一步的烹調。而另一方面，一名盛記女職員正把一隻又一隻的燒鴨斬件，然後以四分之一隻燒鴨為一組各擺在一隻碟上，預備一會打盆時用。

　　早上 11 時 02 分，楊師傅打開正在燜豬肉的大鐵鑊的鑊蓋，用竹籤刺一刺豬肉，看其是否燜熟燜軟。然後在圍成圈狀的豬肉塊上灑上

圖 52　燜好的豬肉，攝於 2022 年 7 月 10 日。

紅糖，用鐵湯勺從豬肉塊中間的洞中舀出多餘的水，再數次舀了小半湯勺的珠油（一種以糖蜜、水、鹽和豉油調配和熬煮而成的醬料，可使肉質鬆化及去除羶味，並為肉類增添顏色）澆在豬肉上，直至師傅認為燜豬肉的顏色合宜；最後，用鑊鏟把鑊中的豬肉和調味料炒至均勻。約早上 11 時 11 分，師傅把豬肉盛上銻盆待打盆用，他也趁這時試吃了一塊豬肉來確保入味。

在師傅炒豬肉的期間，一名盛記的女職員正在點算炸鯪魚球的數量，以計算打盆時分配每盆盆菜的鯪魚球數量。

約早上 11 時 22 分，楊師傅把剛剛燜豬肉的大鐵鑊和炸蠔豉的小鐵鑊洗乾淨，再放回爐頭上，往兩隻鑊中倒水。師傅把冬菇放入盛了約有半隻鑊水量的小鑊中，再舀了些水進鑊裏，直至水剛好蓋過冬菇，蓋上鑊蓋，用開水煮軟，指這樣可以使冬菇在一會烹調時更易入味。而大鐵鑊則被倒進大半隻鑊的水，蓋上鑊蓋，用來持續燒開水，這是為了方便一會煮菜時若要加熱開水，從大鑊中一舀便可用。

　　冬菇煮了約 20 分鐘，被撈起放入鋅盆待用。楊師傅洗了一下小鑊和其鑊蓋，把小鑊放回右邊的爐頭上，便去放著備用食材的桌子旁，給豬皮捏乾水分和挑沙。這次的盆菜宴共用五斤豬皮，豬皮都預先經過處理，先被煮過，再「啤水」（飲食業的行話，意指食物用熱水煮過，再用冷水沖刷），然後切成適合食客夾取的大小。楊師傅從盛豬皮的膠盆中拿起一把豬皮，用雙手把豬皮裏的水捏去，並留意豬皮上會否有未清去的黑色沙粒，若有便把沙粒挑去 —— 因為師傅選用的是「沙爆豬皮」，即把豬皮埋入熱沙中，來把其爆鬆的工序，故豬皮上會帶有一些沙粒。

　　中午 12 時 28 分，楊師傅開始煮鹹菜炒木耳。為了去除過多的鹹味，師傅早在烹煮前一天已用水浸著鹹菜片。師傅在小鑊中加了點油，下了一些薑絲、蒜蓉和蔥來爆香；然後放入木耳，澆些廣東米酒再炒；炒了一會便加大爐火，再炒數下才放入酸菜繼續炒。片刻，鹹菜炒木耳便告完成，師傅把這道菜盛入鋅盆放置一邊，然後把小鑊清洗乾淨，放回爐頭上把鑊上的水烘乾以準備煮下一道菜。

　　下一道菜是燜冬菇，楊師傅把之前煮軟了的冬菇放到爐旁備用。中午 12 時 42 分，師傅舀了兩勺菜油進小鑊中，另一隻手拿起小鑊，手腕旋了旋，讓菜油平均沾到鑊面，再把剩餘煮過的菜油倒在爐旁的金屬碗中備用。接著下了些薑絲、蒜蓉和蔥在小鑊中炒了一會，再從旁邊的大鐵鑊舀了一勺熱開水入小鑊中。師傅然後一手拿著一個湯勺，另一手往湯勺放入約兩匙羹的大地魚粉和一些玫瑰露。把湯勺裏的調味料倒入小鑊，師傅又給小鑊灑了一些胡椒粉，加入一湯勺蠔油，與鑊中的水和其他材料拌勻，再加入一點麻油和生抽。這時，師

傅放入冬菇，再下一點麻油、鹽和生抽，蓋上鑊蓋燜煮數分鐘，最後再開蓋，把食材多炒數下，便可把燜冬菇盛起待打盆用。

　　補充一點小細節，據楊師傅所指，他用作調味的大地魚粉是他親自製作的。他會買來好幾條坊間稱作「剝皮魚」的魚類，炸熟再剁碎做魚粉，可提升食物的鮮味。

　　再把小鑊清洗一下，楊師傅接下來要為炸鯪魚球製蠔油汁，豐富這道菜的味道。中午 12 時 47 分，倒油，落薑絲、蒜蓉和蔥來爆香，倒入三勺熱開水，灑入約一湯匙胡椒粉，再加一些玫瑰露，舀上一大湯勺蠔油，把調味料與熱開水拌勻。再倒入廣東米酒，一些生抽，拌勻後逐漸加入芡粉水，繼續攪拌至稠度合適，便把煮好的醬汁倒入放了炸鯪魚球的大盆中，浸著鯪魚球即可。

　　只花五分鐘，師傅便煮好蠔油汁，並清潔了小鐵鑊，然後又著手烹煮盆菜用的 10 斤豆卜。倒熱開水進小鑊至半滿，放入兩至三湯勺蠔油與開水拌勻，倒入一些玫瑰露和廣東米酒，加少許生抽和麻油，再加以攪拌，放入豆卜。拌勻豆卜與醬汁，按量多加一點麻油再拌，然後蓋上鑊蓋燜煮一會，待豆卜都吸收了醬汁，便可盛起，又完成了一道菜。

　　洗過小鑊，大約下午 1 時，楊師傅開始烹調早上炸過的蠔豉。舀了一些菜油燒開，加一些薑絲、蒜蓉和蔥爆香，再倒入炸蠔豉。為了調味，師傅先灑一些玫瑰露和廣東米酒，下一匙羹胡椒粉，加一些麻油和生抽，再調大爐火，澆一湯勺蠔油，再加上半勺芡粉水。接著把蠔豉快炒一會即告完成，整個烹煮蠔豉的過程不超五分鐘。

圖 53　正在煮枝竹的楊師傅，攝於
　　　2022 年 7 月 10 日。

　　再次清洗小鑊，接下來，楊師傅要處理枝竹（圖 53）。同樣先用少許油爆香薑、蔥、蒜，再倒入約小半鑊熱開水，下一匙羹大地魚粉、一匙羹胡椒粉、少許麻油和生抽、一勺半的蠔油，攪拌煮開，便可拿出枝竹備用。為了確保食物安全，豆卜和枝竹等豆製食品都是放在冰箱冷藏，至需要時才拿出。師傅沾了點醬汁試味，便往醬汁裏再多加點蠔油和生抽，再倒入枝竹。把枝竹與醬汁拌和，蓋上鑊蓋燜一會，其間開一次鑊蓋炒一炒枝竹，使醬汁均勻地滲入枝竹，燜一會後開蓋，加入少許生抽，灑上半湯勺芡粉水再多炒數下，枝竹便烹調完畢。因為枝竹的數量頗多，故師傅把它們分兩批烹煮，煮完一批，便洗鑊，再煮另一批。

　　煮完枝竹，清洗小鑊，大約下午 1 時 25 分，師傅開始煮豬皮。往小鑊澆上一些油，加入薑、蔥、蒜爆香，倒入兩勺熱開水，然後師

圖 54　煮好的枝竹和豬皮，攝於 2022 年 7 月 10 日。

傅把一匙羹大地魚粉和一匙羹胡椒粉放入開水，稍作攪拌後加入兩湯勺半的蠔油，再加入玫瑰露、麻油和生抽，把調味料與開水拌勻成為醬汁，再倒入豬皮。拌了拌豬皮和醬汁，便蓋上鑊蓋燜煮。接著開蓋澆上約半湯勺芡粉水，炒勻豬皮，便可盛起。豬皮同樣被分成數批烹調，每次烹調前師傅也會把鑊洗淨。

　　時間到了約下午 1 時 44 分，楊師傅接下來烹煮髮菜。是次盆菜宴需用兩「餅」髮菜，髮菜自早上起便被浸泡。師傅澆了些油於鑊中煮熱，多出的熱油倒入爐旁的碗中作為「熟油」備用，再於小鑊加入三湯勺熱開水，先後加一匙羹胡椒粉和一湯勺蠔油來拌和，再加少許熟油、麻油、玫瑰露、廣東米酒和生抽，才放入髮菜。烹煮時保持攪拌髮菜與醬汁，再加些許熟油，澆上大半湯勺的芡粉水，加以攪拌，便可盛起髮菜。

　　師傅把小鑊中剩餘的醬汁倒掉，也把大鐵鑊中一直煮著備用的熱開水倒掉，把兩隻鑊清洗好，放回兩個爐頭上，並把一早以茄汁、醋、糖等調味料調好的「蝦汁」放在火爐前，做好烹調茄汁大蝦的準

圖 55　炸大蝦，攝於 2022 年 7 月 10 日。

備。茄汁大蝦需要同時用兩隻鑊來煮，大鑊用來炸蝦，小鑊用來把炸蝦和醬汁炒勻。師傅先給兩隻鑊都倒入大半鑊油來煮熱，至油滾時把小鑊的熱油倒在爐旁的金屬碗裏備用。約下午 1 時 55 分，師傅開始把早上盛記女職員幫忙解凍和剪刺的大蝦下鑊油炸（圖 55）。大蝦在左邊的大鑊裏炸著，師傅則舀一勺熱油和「蝦汁」於右邊的小鑊裏加熱，待大蝦炸至呈紅色，便用大漏勺撈起大蝦。師傅一手拿著盛著炸蝦的大漏勺，另一隻手則用湯勺從小鑊舀起一勺「蝦汁」；然後把炸大蝦放入小鑊，將湯勺裏的「蝦汁」灑上炸蝦面。再把「蝦汁」和炸蝦炒勻，便完成這道菜。是次喜宴需要盆菜 21 盆，一盆 12 人用，總計要大蝦252 隻。為了控制品質，加上鑊的容量有限，師傅把大蝦分成約十批烹煮，煮完一批再煮下一批，而小鑊每炒兩批蝦，便會清洗一次。

　　煮完所有大蝦，把廚具都清潔乾淨，楊師傅的烹煮工作可謂大功告成。而盆菜裏的蔬菜都在今早由細 B 哥或盛記的女職員們幫忙煮好，雖然是放在盆菜底層的食材，但也經特別的處理，例如蘿蔔會加芹菜一起煮以增添味道。

圖 56　放炸芋頭片時預留中間位置來擺放豆卜，攝於 2022 年 7 月 10 日。

　　把盆菜的食材都烹調好，師傅便稍作休息，待盛記的午市時間過後，有更多人手可幫忙打盆。

　　到了下午 3 時 45 分，兩名盛記的女職員開始打盆，據知其中一位是師傅的妹妹。她們在盛記近廚房的一角，用幾張餐桌拼成一張大桌子，把 21 個錔盆放在上面。她們先把數樣蔬菜一層一層地放入錔盆，先後順序為蘿蔔、蓮藕片和津白菜。然後一人在津白菜上沿錔盆邊擺放炸芋頭片，中間留有空間（圖 56）；另一人找來數十隻飯碗，每隻碗也盛著豆卜。待放好炸芋頭片，便往芋頭片中的空間倒蓋盛著豆卜的碗。

　　這時還不用拿起豆卜上的飯碗，扣除飯碗所佔的中間位置，錔盆裏的空間就像是甜甜圈般的環形形狀。一名女助手把這個環形分成四份，其中一角擺上十多塊炸門鱔塊；而另一名女助手待炸門鱔放好，便拿起盆中間豆卜上的飯碗，再往上面倒蓋盛著鹹菜炒木耳的飯碗。

　　放好了炸門鱔和鹹菜炒木耳，一名女助手又用飯碗在鹹菜炒木耳上扣上燜豬肉。而另一名女助手則把炸鯪魚球盛入其他的飯碗中，每個碗各有 10 至 11 粒魚球，再把鯪魚球放在炸門鱔塊的對面。然後她們在炸門鱔塊和炸鯪魚球間的兩角，分別放上枝竹和豬皮。

　　這時，整個盆菜若用俯視角度來看，會看到盆中間有一個用燜豬肉疊成的圓形，然後包圍豬肉的四周被分作四部分，各放著炸門鱔、枝竹、炸鯪魚球和豬皮。

　　接著，兩名女助手在枝竹上放上半隻已斬件的白切雞，又在豬皮上放上四分之一隻已斬件的燒鴨。當中一人再沿切雞和燒鴨的兩側插上幾朵已切細的西蘭花，另一人便在炸鯪魚球和炸門鱔上各疊上六隻茄汁大蝦（圖 57）。

　　放好大蝦後，兩名女工在燜豬肉上疊上燜冬菇，擺放時小心地將菇傘面向上。最後，女工一手拿起一把炸蠔豉，另一手拿起一撮髮菜，用髮菜包裹蠔豉，再放於燜豬肉上，便完成了整盆盆菜（圖 58）。

　　由於食材頗多，21 盆盆菜需時約一小時來打盆。楊師傅用錫紙把砌好的盆菜包好，便先自行前往小瀝源村幫忙宴席事宜，讓細 B 哥和盛記的員工稍後駕車把盆菜運去。

　　問及楊師傅現在幫村落煮盆是否都在盛記煮好再運去，師傅指，若是有些村落的祠堂有爐灶，也會前往該村幫忙煮，只是小瀝源村的祠堂都已不設爐灶，便採取在店煮好再運去的方式。

圖 57　已完成了大半的盆菜，攝於 2022 年 7 月 10 日。

圖 58　完成打盆的盆菜，攝於 2022 年 7 月 10 日。

　　下午 5 時 10 分，師傅離開盛記回村；大約下午 5 時 22 分，抵達小瀝源村。

　　一到埗，可見村中遊樂場旁的空地已置放了十多張放有桌布的圓形餐桌，據悉還待舞麒麟後，會在騰空的位置再放置兩張桌子，另有三四張桌子會設於村公所和其他房子外面。每張餐桌桌面放有一個卡式爐和 12 人用的餐具，桌子旁置有 12 張膠椅。下午 5 時 47 分，已見其中一桌坐滿了來賓。

　　一名提早到現場幫忙打點佈置的盛記員工，憶述以前到小瀝源村擺盆菜宴，會於源禾路的大球場設宴，筵開七八十圍，甚為盛大。當時的宴席時間多為 6 時入席，7 時開席，不過這次的開席時間稍為提早。

　　更多賓客陸續入席，下午 6 時 02 分，細 B 哥把盆菜運到。他跟盛記的員工以及幫忙佈置場地的新人家屬一起把盆菜放到卡式爐上，預備開宴。下午 6 時 20 分，客人開始分批與一對新人合照留念。

　　至下午 6 時半，村內的麒麟隊開始大舞麒麟，作為儀式祝福新人。表演期間已見席間一些客人已把盆菜的錫紙蓋拿開，預備享用食物。至下午 6 時 47 分，舞麒麟完畢，客人正式開始品嘗盆菜。

第四章

味道與意義——
食盆的文化內涵

食盆文化的社區結構

香港的食盆文化起源於新界圍村。這些圍村多為單一姓氏村落，強調慎終追遠、父系繼承，故此相當重視祭祖。村民們常採用集體拜祭之方式，藉此維繫村落成員與祖先間的關係，而盆菜在這些儀式中扮演著重要的聯繫角色。圍村村民通過盆菜讓整個宗族成員團聚在祖先面前，祈求祖先庇蔭；同時讓年輕一輩認識祖宗，加強兩代的關係，並將這些儀式植根到新一代的記憶中，強調對祖宗的孝道，把文化傳統和成員連結傳承下去。

圍村盆菜的起源眾說紛紜，由於前文已有詳敘，故此這裏簡述。盆菜起源傳說的主要版本有二，一個版本為新界圍村村民在倉促之間以大木盆盛載菜餚來招待落難的宋端宗，[1] 繼而成為今日的盆菜；[2] 另一個版本則是清朝乾隆皇帝微服出巡時得到負責烹煮「九大簋」的廚師款待，乾隆認為這是天下最美味的食物，故此回宮後便下令要在宮廷節慶煮這一道美食。[3] 兩個版本的主人翁皆不同，一個是南宋末代君主，一個是清朝如日中天的帝王，但其相似之處是盆菜的所謂起源均與招待皇帝有關，兩個傳說的真確性無法具體考究，史書也沒有記載，但它們無不強調這平民食物得到了皇帝的認可。一向被認為是蠻荒之地的粵地竟迎來了地位最高的皇帝，儘管新界村民招待皇帝的食物只是剩菜、平民食品，卻獲得了皇帝的青睞，體現了地方想與中央權力建構

---

1 鄧昆池、鄧黃文莊：〈愛國情懷話珍饈〉，頁 236–238。
2 薛興國：《再吃一碗文化》，頁 1–2。
3 華琛：〈同吃一盆菜〉，頁 89。

密切關係的意圖，通過想像過去與君主皇權的連結以提升自身地位，藉此得到國家的認可，強調地方宗族位於權力核心的地位。盆菜的起源說法與君王有關，更能順理成章顯示宗族的世家大族地位，及向子孫後代強調宗族的傳統及歷史。

　　圍村一向以世家大族自居，強調宗族的世代承襲和龐大的血緣及地緣聯繫，故此族人需要建立和鞏固其宗族的認受性，其中一個辦法便是建造祠堂。《禮記・王制》：「天子七廟，三昭三穆，與太祖之廟而七。諸侯五廟，二昭二穆，與太祖之廟而五。大夫三廟，一昭一穆，與太祖之廟而三。士一廟，庶人祭於寢。」[4] 過往一般只有天子、諸侯、士大夫可以興建祠堂，至明初《明集禮》於禮制上新增了「凡品官之家」這一條款，將建立宗祠的權利擴展到所有有官階的人士，而平民百姓則待至明嘉靖年間建立家廟的條件放寬，而逐漸得以建立祠堂。[5]

　　明初，珠江三角洲的家廟式祠堂十分罕見。[6] 明中葉以後，家廟式的祠堂開始在珠江三角洲普及起來。到了明末清初，家廟式祠堂更變得多不勝數。《廣東新語》記載「每千人之族，祠數十所；小姓單家，族

4　《禮記・王制》，中國哲學書電子化計劃，https://ctext.org/liji/wang-zhi/zh，瀏覽日期：2023 年 11 月 27 日。

5　嘉靖年間，明朝對於興建祠堂的要求放寬，所有品官皆可以建家廟。儘管此後仍然維持只有品官可以建家廟的規定，但科大衛認為庶民很可能會鑽法律的灰色地帶，找一個五代前有資格建家廟的祖先，並以此為核心建宗祠。見科大衛：〈祠堂與家廟：從宋末到明中葉宗族禮儀的演變〉，《歷史人類學學刊》，第 1 卷，第 2 期（2003 年 10 月），頁 1–20。

6　這裏的家廟式祠堂是指《明集禮》所規定的：「凡品官之家，立祠堂於正寢之東，為屋三間，外為中門，中門為兩階，皆三級，東曰阼階，西曰西階，階下隨地廣狹，以屋覆之，令可容家眾敘立，又為遺書衣物祭器庫及神廚於其東，繚以外垣，別為外門，常加扃閉。」明朝家廟祠堂特徵包括中門、兩階等，前有四柱、石階、入中門等。見科大衛：〈祠堂與家廟〉，頁 3。

圖 59 屏山鄧氏宗祠，攝於
2023 年 10 月 14 日。

圖 60 覲廷書室，攝於 2023 年
10 月 14 日。在歷史上，
書室發揮著祭祀和教育用
途，培育族中弟子考取科
舉以進入仕途，反映地方
宗族藉科舉與皇權建立聯
繫。

人不滿百者，亦有祠數所」，[7] 這反映明末清初時期祠堂已在廣東變得普及。歷史學家科大衛（David Faure）認為這除了反映廣東地位的提升外，更反映地方社會刻意拉近與中央皇權的關係。[8]

因此，圍村建立宗祠正是為了凸顯其過往的地位，透過儀式把有功名的祖宗與村落聯繫起來，並紀念祖宗的功績。其效果就如以人名命名的基金會一樣，基金會的存在能讓基金的創辦人不被遺忘，而宗祠的建立便能讓後人反覆憶起祖宗。祠堂的功能相當廣泛，不僅用於宗族的日常會議，也用於舉辦婚嫁等各種場合。祠堂象徵著祖宗，故在這個場所進行事務代表著祖宗的庇蔭，同時向祖宗報告宗族的重要事項，例如婚嫁代表向祖宗稟告新成員的加入。宗族祭祀多是以祠堂名下土地的收益去支付每年祭祀儀式所需的費用，這些土地收益以往多半來自田地，祠堂名下的土地稱為族產，族產的田地會分租予宗族成員，宗族成員以田產所得來交租，這些租金收入就成為土地收益，部分用作每年的祭祀之用。時至今日圍村村民通常會將族產土地分租予外人以收取租金，而管理族產的人稱作司理，負責管理族產的田地和物業，並以族產提供每年祭祖所需費用之公家。[9] 事實上，1905 年港英政府以「集體官批」（Block Crown Lease）方式批租予新界原有（1898 年前）的土地擁有者，當時不少圍村人以祖先名義登記土地。

7　屈大均：《廣東新語》，卷 17，〈宮語〉，中國哲學書電子化計劃，https://ctext.org/wiki.pl?if=gb&chapter=93304，瀏覽日期：2023 年 11 月 27 日。
8　科大衛：〈祠堂與家廟〉，頁 1–20。
9　廖迪生：〈把風水變成文物：在香港新界建構「文物話語」之個案研究〉，載廖迪生、盧惠玲編，鄧聖時輯：《風水與文物》，頁 1–16。

圖 61　圍村的一般婚嫁場合也在祠堂舉行（圖片來源：香港非物質文化遺產辦事處）

圖 62　新郎新娘需要在祠堂拜堂成親（圖片來源：香港非物質文化遺產辦事處）

圖 63　新娘需要在歷代祖先牌位前奠酒（圖片來源：香港非物質文化遺產辦事處）

圖 64　圍村宗族成員最後會在祠堂食盆，以表示接納新人加入宗族（圖片來源：香港非物質文化遺產辦事處）。

圖 65 「食山頭」標書以祖先祖堂的名義為「食山頭」招標，攝於元朗屏山，2023 年 10 月 18 日。

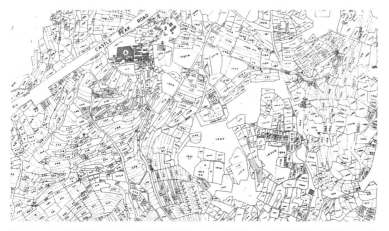

圖 66 香港測繪處的文件顯示了屏山土地地段，紅色標示的範圍為部分屬於鄧維新堂的土地（圖片來源：香港測繪處土地文件〈控制圖重描圖（元朗）〉，文件編號 DD121；地圖版權屬香港特區政府，經地政總署准許複印，版權特許編號 14/2024）。

因此，從食盆起源的說法及宗祠的建立可以反映圍村村民相當重視認受性，並藉建立祠堂來彰顯宗族的地位。

正如上文提到祖宗之於宗族的重要性，使祠堂成為了重要的場所，在祠堂進行的儀式也因而被視為「有祖宗的參與」，發揮重要的社會功能，進一步確立宗族社區的運行和團結。

每年的春秋二祭皆在祠堂或祖墓前舉行，目的是紀念祖宗並祈求祂們的庇蔭。祭祖完畢後，村民就會在祠堂或墓前食盆，因此食盆

圖 67　祭祖儀式在祠堂或祖墳舉行，圖為 1965 年上水村村民所進行之重陽節祭祖儀式（圖片來源：Hugh D. R. Baker, *A Chinese Lineage Village: Sheung Shui* [London: Frank Cass, 1968]）。

圖 68　上水村村民向祖先祭酒（圖片來源：Hugh D. R. Baker, *A Chinese Lineage Village: Sheung Shui* [London: Frank Cass, 1968]）

圖 69　上水村村民在祖先墳前奏樂（圖片來源：Hugh D. R. Baker, *A Chinese Lineage Village: Sheung Shui* [London: Frank Cass, 1968]）

可視為祭祖儀式的一部分，通過盆菜這個媒介，讓圍村村民在祖宗面前聚首一堂，建立宗族族群之間的集體意識，在祖先面前展示團結，並藉此祈求祖先護蔭族群的成員。人類學家積克・波特（Jack M. Potter）指出廣東地區的人民相信宗祠、廟宇本身具備承受風水力量的能力，能為後代帶來運氣和財富，故此在宗祠、祖墳面前的食盆和祭祀儀式，正是族群從祖宗得到風水力量的時刻。[10] 同時，食盆也有向

圖 70　屏山俞喬二公祠，攝於 2023 年 10 月 14 日。

圖 71　聖軒公家塾，攝於 2023 年 10 月 14 日。

10　Jack M. Potter, "Wind, Water, Bones and Souls: The Religious World of the Cantonese Peasant," *Journal of Oriental Studies*, vol. 8 (1970), pp. 139–153；廖迪生：〈把風水變成文物〉，頁 1–16。

外人展示團結及提醒新一代成員勿數典忘祖的意義,亦象徵了圍村分明的階級權力。儘管祭祀儀式需要由全村通力合作舉行,但一般只限61歲以上的父老才可以食用盆菜。這是由於昔日食材相對珍貴,食盆是村內位高權重者的特權,食盆資格成為了村內身份地位的證明。值得一提的是,女性雖然須負責切菜、洗碗等工序,但她們一般無權享用盆菜,因此食盆也反映了圍村男性父權社會的一面。[11]

結婚、丁酒儀式會在祠堂舉行,食盆在當中也擔任相當重要的角色,其目的是向祖宗報告宗族新成員的加入。在儀式中,通常由村內受到高度尊敬的父老負責確認新婚夫婦和新生兒的身份,他們代表祖宗和宗族成員進行新成員的身份確認。人類學家阿諾·范加納(Arnold van Gennep)把這種儀式稱為「過渡儀式」(rite of passage),他認為「過渡儀式」由三個階段組成:分離階段(separation)、邊緣階段(liminality)和匯聚階段(incorporation)。在分離階段中,個體會與原有社會剝離,進入一個新狀態;在邊緣階段,個體與原有社會結構的連繫中斷了,因此處於一個不確定的狀態;而在匯聚階段,個體重新進入社會,但此時已經處於一個新的社會地位。[12]食盆在過程中代表了過渡的階段,族群的新成員在食盆過程中與原有的群體(原生家庭[natal family])分離,並開始與新的群體再生家庭(procreational family)及宗族互動,彼此認識及交流,適應新的環境。[13]通過食盆這一儀式,新成員和其他族群成員之間建立起共同的認

11 Kwok Shing Chan, "Poonchoi," pp. 171–188;廖迪生:〈把風水變成文物〉,頁 1–16。
12 Arnold van Gennep, *The Rites of Passage* (Chicago: University of Chicago Press, 1960), pp. 10–13.
13 同上註。

圖 72　覲廷書室的廚房爐灶，攝於 2023 年 10 月 14 日。

識，從而得到認可並產生對族群的歸屬感。由此可見，食盆在「過渡儀式」的過程中擔當重要的角色。更重要的是，宗族以此作為身份登記的一種方式。

另外，在食盆的過程中，一個「平等」的空間會被臨時製造出來。因為參與盆菜宴會之成員強調彼此之間互為兄弟，暫時忘卻彼此的社經地位。人類學家維克多·特納（Victor Turner）以邊緣性（liminality）和交融性（communitas）兩個概念解釋這個現象。邊緣性指的是儀式中的一個階段，這個階段的特點是參與者從原有的社會環境中被分割出來，進入一個模糊、不確定的狀態，他們失去了原有的身份、角色和地位，還沒有進入到新的身份、角色和地位當中。在這個階段，參與者需要接受一系列的考驗、試煉和儀式，以測試他們是否具有進入新身份、角色和地位的能力和資格。邊緣性階段因而被認為是一個轉化的過程，參與者在這個過程中可以超越原有的限制和框架，開啟一種全新的關係和可能性。當儀式進行時，參與者進入了邊緣性階段，個人和社會可以進入一種中間狀態，從而經歷一種重新詮釋和再定義的過程。它將傳統既有的階級框架打破，因此大家重

圖 73　1950 至 1960 年代「食山頭」的照片，圖片顯示整個宗族族群在「食山頭」過程中聚
　　　首一堂，這個過程具有交融性，參與者可以體驗到進入一種共同體的狀態（圖片來
　　　源：香港歷史博物館藏品，香港特別行政區政府准予複製）。

圖 74　維新堂，攝於 2023 年 10 月 14 日。拜鄧旺公後，屏山鄧氏的族人不會在墓旁「食山
　　　頭」，此活動將在若虛書室舉行。若虛書室又稱維新堂，是若虛祖之祖堂。

整關係，變得平等。經過邊緣性階段，參與者便會進入重整性階段，體驗「交融性」的意識。這個階段的特點是參與者進入到一個全新的社會環境中，擁有新的身份、角色和地位，同時也建立起新的關係和群體意識。在這個階段，參與者所體驗到的一種作為共同體的感覺和意識，被稱作「交融性」。重整性階段被認為是一種社會現象，它可以促進個人和社會之間的情感連結和互動，建立共同體的感覺。[14] 而食盆正體現了這個過程。

在第二章曾提到人類學家華琛，他認為「食盆」是一種「特別的共同進食模式」，[15] 它擁有幾個社會功能：打破等級制度、代述中國社會平等的一面，並確定族人和不同族群之間的界限。吃盆菜的人享有平等的社會地位，體現於每一位客人都受到平等的對待 —— 所有食物都放在同一個盆裏，人們進食時也沒有必須遵守的餐桌禮儀和規矩。這有別於廣東宴會，其進食步驟是分等級的，例如客人先吃，主人跟隨；長輩先吃，晚輩跟隨；血親、親人官員先吃，普通人跟隨；有錢人先吃，然後是窮人。但在食盆菜時，有錢人和貧窮人會圍在一起享用食物，也沒有甚麼先後次序之分，不用跟主人家打招呼，齊人便吃，吃完便走。食盆的分享方式往往是平等的，夾菜方式也是雜亂無章的，平日吃飯必須先拿最近的菜餚，但食盆時每一個食客都可以夾取自己想吃的食物，這反映食盆儀式強調的平等。[16] 然而，這種平等只是暫時性的，就像維克多・特納所指出的，在儀式時，參與者暫時脫離日常

_____

14 Victor W. Turner, *From Ritual to Theatre: The Human Seriousness of Play* (New York: Performing Arts Journal Publications, 1982), p. 27.
15 華琛：〈同吃一盆菜〉，頁 86。
16 Watson, "Meat: A Cultural Biography in (South) China," pp. 25–44.

生活的社會結構，進入一種共同體的狀態。在這個狀態下，參與者被平等對待，彼此關係的階級性和差異暫時消除，形成一種自由平等、親密無阻的人際關係。然而儀式結束後，參與者便會返回其原來的社會結構和角色，故此在現實中他們的地位並不平等；盆菜儀式只有村中的父老（一般指 61 歲以上）可以參與，盆菜的主食也只能由男性成員料理，女性成員則負責較次要的工序，如切菜和洗碗。

食盆儀式動員全村的力量，傳統圍村通常不會讓外人參與，能夠參與的都是圍村成員，這顯示了食盆儀式具有一定的排他性。維克多・特納認為，儀式與共同體之間存在密切的關係。在儀式中，個人和社會可以進行一種重新定義和重建關係的過程，在建立起新關係的同時，也可以鞏固現有的關係，幫助個人和社會建立起一種共同體意識。這種共同體意識是一種對共同目標、共同價值觀和共同文化的認同和理解。透過建立對這些共同元素的認同和理解，促進了村民作為共同體的形成和發展。由此可見，食盆儀式承載著維繫共同體的重要任務，共同體成員通過共享相似的處境，認知到彼此成員的存在，從而加強圍村凝聚力。[17]

在食盆儀式中，參與者暫時脫離日常生活的社會結構（例如階級、角色等），進入共同體的狀態。在這個狀態下，參與者被平等對待，彼此關係的階級性和差異暫時消除，形成一種自由平等、親密無阻的人際關係，故這個時刻中所有參與者是平等的。當族群共聚一堂時，族群成員便可認知到哪位是自己人，而在哪些地方食盆亦可以讓成員認

17　Turner, *From Ritual to Theatre*, p. 27.

圖 75 屏山鄧氏蓮花山食山頭，攝於 2021 年 10 月 25 日。煮盆工序需要全村人通力合作，煮盆的工序基本上都是由圍村成員負責。

9:32 am
斬豬

圖 76 屏山鄧氏蓮花山食山頭，攝於 2021 年 10 月 25 日。

12:01 pm
食盆菜

圖 77 祭祖儀式後，屏山坑頭村鄧氏的成員和他們請來的賓客圍坐一起食盆，攝於 2021 年 10 月 25 日。

知到該處的土地是族群的財產。通過多次進行這個儀式，宗族成員便會潛移默化地受到這共同體狀態影響，區分出「我者」和「他者」。

這種共同體狀態更有向外界展示團結和力量的意義。圍村宗族掌握大量地方資源，而在王朝時代，政府對於地方的影響力有限，所以宗族為了保護地方財產，會組織起來自衛。過往屏山鄧氏擁有大量土地，建有農場、魚塘和小型工廠，故此圍村會組織更練團負責保衛這些土地資源。在祖墳「食山頭」或在宗祠組織宗族成員食盆，其實就有對內凝聚族群、建立保衛族群土地的意識，對外展示力量、警告外來人不要侵佔圍村土地資源的意義。[18] 每年宗族成員在農曆九月穿山過海拜祭祖先的場景，就很清楚地向外界展示了圍村村民的力量。

詮釋學大師高達美（Hans-Georg Gadamer）指出，一個人的價值判斷及如何理解事物往往會受過去的歷史傳統所影響，而「傳統」不僅僅是指過去的一些習俗和傳統做法的總和，還指一個歷史和文化的語境，是一個深刻和帶有連續性的文化認同，代表著一個社群的價值觀、信仰和生活方式。這些價值觀、信仰和生活方式被世代相傳，形成一種共同的文化背景和理解方式，成為該社群的一種文化資產。這樣的傳統和文化背景，不僅影響著人們的價值觀和信仰，也影響著他們對世界和現實的理解和認知。圍村宗族就是以食盆這種儀式作為影響下一代價值觀的教育方式，通過食盆讓宗族成員了解誰是自己人，誰是外來人，哪些是自己的土地。在食盆儀式當中，他們身處一個共同體狀態，就更能深刻體會以上的內容，而這項傳統更持續影響著村

18　鄧聯興師傅訪問稿，2021 年 10 月 9 日；廖迪生：〈把風水變成文物〉，頁 1–16。

圖 78　1965 年上水村村民
浩浩蕩蕩前往祭祖的
畫面，清楚地展示了
圍村的勢力（圖片來
源：Hugh D. R. Baker,
*A Chinese Lineage
Village: Sheung Shui*
[London: Frank Cass,
1968]）。

圖 79　上水村村民煮盆的情
形（圖片來源：Hugh
D. R. Baker, *A Chinese
Lineage Village:
Sheung Shui* [London:
Frank Cass, 1968]）

圖 80　1960 至 1970 年代上水村村民
於農曆九月初九準備盆菜（圖
片來源：香港歷史博物館藏
品，香港特別行政區政府准予
複製）

　　　　　　　　　　　　　　　　　　　食盆

民對於世界的認知，從而影響他們的價值判斷和世界觀。[19] 圍村村民食盆的傳統反映他們重視祖宗，以及打破族人間的等級制度，並確定族人和不同族群之間的界限的功能。在食盆這個傳統一代又一代地傳承下去時，自然會深深影響子孫後代對於世界的理解，從而維繫圍村村民的凝聚力及建立族群的共同體意識。

盆菜的烹煮方法與食材的變化

相較於現今市面普及的商業盆菜，傳統圍村盆菜的食材更為簡單。盆菜是一種在資源匱乏的環境下發展出來的烹飪及宴會飲食，過去冷藏和運輸技術尚未普及，故此盆菜一般以新鮮屠宰的豬肉、時令地道的新鮮食材及乾貨為主，如白蘿蔔、芹菜、豬皮、枝竹、魷魚、門鱔乾、冬菇等，再加上南乳、榨菜、大蒜、生薑等調味料。盆菜裏新鮮的食材基本上是儀式舉行當天清晨購買及準備的，[20] 其餘食材則多是不容易腐壞的乾貨。[21] 過去香港農業發達，在 1940 至 1950 年代，香港農地面積達 14,000 公頃，年產約 2.5 萬噸大米，有八鄉四寶之稱的元朗絲苗、流浮山生蠔、天水圍烏頭、青山鱸鱷盛極一時，元朗平原土地肥沃，是香港農產品主要來源地，[22] 故盆菜的食材幾乎都是源自本土，例如屏山盆菜會採購附近雞場和豬場的雞隻、豬隻，元朗白泥

19　Hans-Georg Gadamer, *Truth and Method*, 2nd revised edition (New York: Continuum, 2004).

20　Kwok Shing Chan, "Poonchoi."

21　廖迪生：〈食盆與盆菜〉，頁 179–208。

22　梁子謙：〈高中通識教育科知識增益及學與教策略：香港的農業發展〉，2017 年 2 月 23 日，https://ls.edb.hkedcity.net/get_file.php?path=teacher/pt_course_materials/knowledge_enrichment/1617/20170223/20170223_2.pdf，瀏覽日期：2023 年 12 月 1 日。

圖 81　正在處理煮盆所用豬肉的鄧聯興師傅，攝於 2021 年 10 月 10 日。

蘿蔔等，枝竹也選用元朗的枝竹廠生產的枝竹，大蝦則用流浮山的大蝦。因各村落的環境不同，其盆菜的內容也有所不同，例如元朗出產烏頭魚，廈村的盆菜便放烏頭，而流浮山的盆菜則會放蠔，[23] 粉嶺圍清明的盆菜會採用蘿蔔絲製成的雪菜，重陽則用鹹菜。[24] 因此，盆菜的食材能反映村落與當地生態的關係。

《周禮》：「凡食齊視春時，羹齊視夏時，醬齊視秋時，飲齊視冬時。凡和，春多酸，夏多苦，秋多辛，冬多鹹」，[25] 意思是調製食物及味道要視乎四季的氣候，可見中國傳統飲食文化強調「天人合一」，重視食物與氣候間的關係，主張吃合乎時令的食物。食盆對時令食材的選取，正體現了這項華人傳統的飲食習慣。

盆菜的食材當中，豬肉是最核心的食材。從上述遵從時令飲食的角度看來，豬肉屬於四季可吃的食物；同時，豬隻會吃雜食飼料，是相對容易飼養的肉類來源。盆菜作為一種在資源匱乏的環境下發展而

23　鄧浩存師傅訪問稿，2022 年 10 月 2 日。
24　彭坤穩師傅訪問稿，2022 年 2 月 4 日。
25　《周禮‧天官冢宰》，中國哲學書電子化計劃，https://ctext.org/rites-of-zhou/tian-guan-zhong-zai/zh，瀏覽日期：2023 年 12 月 1 日。

來的烹飪及宴會飲食，[26] 在圍村宴會中需要同時為數十以至數百人提供食物，而屠宰一隻豬便能提供相當分量的肉食，而且豬隻幾乎每一個部位皆能成為食材。對於在四季多個儀式中也會出現的食盆來說，不論季節也可養可吃的豬，可說是相當實際的食材。

華琛指出在中國華南地區，「肉」一般是指豬肉。超級市場出現在華南地區以前，牛肉和羊肉在當地一直扮演較為邊緣的角色。雖然村戶也會飼養雞、鴨、鴿子等禽類，但牠們主要為經濟牲畜，用於販賣來維持生計。故此，豬肉本身在華南地區有著比其他肉類更重要的地位，為當地人的主要食材。[27]

在中國農村社會，肉類一直是相當珍貴的食材，人們傾向在重要的場合才屠宰以示敬誠，故食用肉類多與節慶活動有關，特別是在祭祀活動中，肉往往是祭拜神明或祖先的祭品。《禮記·王制》曰：「天子社稷皆太牢，諸侯社稷皆少牢。」[28] 古代禮制對各階級祭祀用的祭品有明確的規格，周代只有天子可以使用「太牢」，一般指活全牛；諸侯以下頂多只能使用「少牢」，多是指活全羊。及至天子失勢，諸侯僭越稱霸，「太牢」成為了諸侯的祭祀規格，「少牢」則被大夫使用，至於士階層則使用「饋食」。「饋食」指的是活全豬，按《大戴禮記·曾子天圓》載「諸侯之祭，牲牛，曰太牢；大夫之祭，牲羊，曰少牢；士之

26　廖迪生：〈食盆與盆菜〉，頁 179–208。

27　Watson, "Meat: A Cultural Biography in (South) China," pp. 25–44; Watson, "Pigs from the Ancestors."

28　《禮記·王制》，中國哲學書電子化計劃，https://ctext.org/liji/wang-zhi/zh，瀏覽日期：2023 年 12 月 1 日。

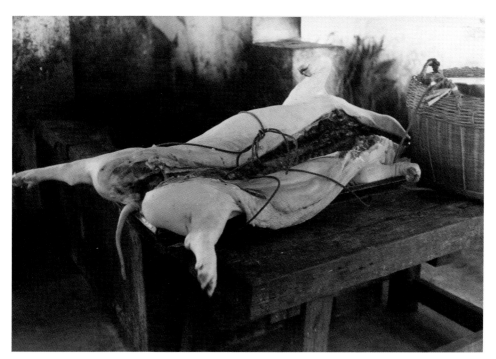

圖 82　華琛於 1969 年在新田村拍下的用於煮盆的豬肉照片，可以證實豬肉一直是盆菜的核心食材（© J. L. Watson）。

圖 83　豬肉是新界圍村地區能提供以表對祖先最高敬意的祭品，攝於 2021 年 10 月 25 日。

圖 84 上水村村民所飼養的豬隻（圖片來源：Hugh D. R. Baker, *A Chinese Lineage Village: Sheung Shui* [London: Frank Cass, 1968]）

祭，牲特豕，曰饋食」，[29] 便反映了這習俗。這個祭祀層級從周代一直影響至明代。過往圍村宗族以世家大族自居，被視為地方的士紳階級，故此以豬肉作祭祀可以反映其地位。《清史稿・禮志一》記：「太牢：羊一、牛一、豕一，少牢：羊、豕各一。」[30] 到了清代，「太牢」的定義擴展至牛、羊、豬三牲俱備，「少牢」則為羊、豬俱備。全豬被提升至成為「太牢」等級的一員，加上在華南地區甚少飼養羊及牛的情況下，豬肉可說是人們最高規格的祭品，也是新界圍村地區能夠提供以表對祖先最高敬意的祭品。

圍村宗族是一個以祖先名義來統領族人的團體，也是一個保衛宗族成員財產與利益的組織。這個組織強調祖先與子孫的互惠關係，子孫需定期以及在節日時向祖先獻上祭品作供奉，讓祂們在超自然世界安穩地生活；而祖先則會庇蔭祂們的子孫，其中一個方式是透過祂們的墓地及祠堂，把大自然的風水力量傳遞給子孫，讓他們得到運氣。昔日，牲口是一種資產，豬肉有著象徵祖先財產的意義，因此子孫後代以豬肉作祭品，再通過食用盆中豬肉的方式來連繫陰陽兩界。[31]

---

29 《大戴禮記》，卷 58，〈曾子天圓〉，中國哲學書電子化計劃，https://ctext.org/da-dai-li-ji/ceng-zi-tian-yuan/zh，瀏覽日期：2023 年 12 月 1 日。
30 趙爾巽：《清史稿》，志 57，中國哲學書電子化計劃，https://ctext.org/wiki.pl?if=gb&chapter=288828，瀏覽日期：2023 年 12 月 1 日。
31 Watson, "Meat: A Cultural Biography in (South) China," pp. 25–44; Watson, "Pigs from the Ancestors."

盆菜中常見的食材

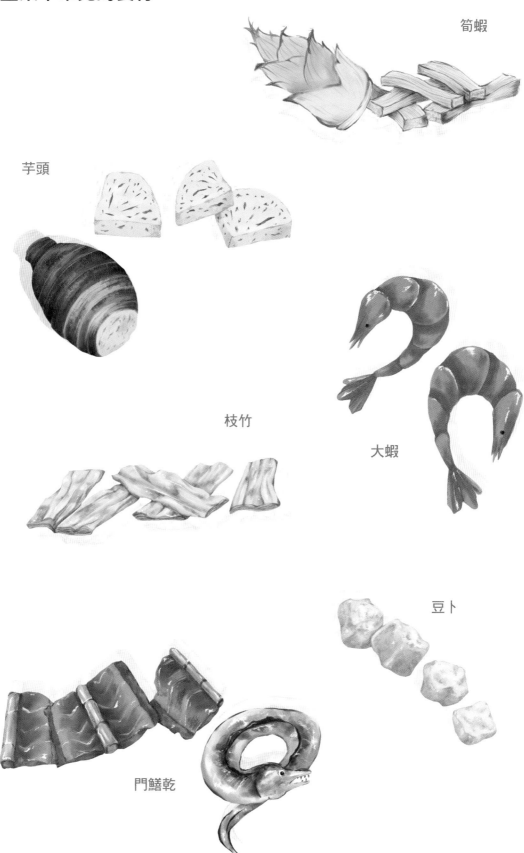

筍蝦

芋頭

枝竹

大蝦

豆卜

門鱔乾

冬菇

白蘿蔔

豬皮

豬肉

魷魚

在以往缺乏冷藏設施的情況下，豬肉不經加工，只能保存幾個小時；且有限的設備，局限了盆菜菜餚的烹調方法。但到了近代，加工技術的提升及新的烹調方式使豬肉可被製成不同的菜式，燒肉正是其中一個典型例子。上文提及，食盆是一種在資源匱乏的環境下發展而來的烹飪及宴會飲食，因此過往的食材較為簡單、地道，但隨著現今村民收入增加，盆菜也變得豐富，增添了不少貴重的食材，例如鮑魚、蠔豉、乾冬菇、雞和燒鴨等。[32] 加上本土農業縮減，故此今時今日的圍村盆菜已甚少採用本地食材，主要食材來自中國內地及外來地區，例如冬菇從中國內地及日本地區輸入，魷魚則從南美阿根廷地區輸入，蘿蔔、枝竹、筍、豬肉、南乳皆從中國內地輸入。[33]

烹煮盆菜的過程被稱為「煮盆」。首先，廚師會分別料理不同的食材，傳統的圍村盆菜傾向以柴火灶來烹煮食材，據稱這更容易控制火力。接著由村內的主廚處理豬肉，村民多認為燜豬肉中最重要的是熬製美味的芡汁（即濃郁的醬汁）。[34] 每條村的煮盆方法都大同小異，例如元朗十八鄉會用木耳燜豬肉，而大埔圍村則較強調蠔油的味道。[35]「打盆」是煮盆的最後一個工序，意指把各種單獨烹調好的食材依次一層一層地放入盆中，最上層的多是「燜豬肉」。打盆完成後，菜餚便會馬上被送到賓客桌上，讓賓客可以一嘗熱騰騰的燜豬肉。不過各村採用的食材和打盆順序都有所不同，以元朗廈村為例，其盆菜依序是白

32 〈圍村盆菜這個傳統是否正在消失？〉，2021 年 2 月 9 日，米芝蓮指南，https://guide.michelin.com/hk/zh_HK/article/features/walled-village-poon-choi-disappearing-tradition-hong-kong，瀏覽日期：2023 年 9 月 1 日。
33 鄧聯興師傅訪問稿，2021 年 10 月 9 日。
34 廖迪生：〈食盆與盆菜〉，頁 185。
35 鄧聯興師傅訪問稿，2021 年 10 月 9 日。

圖 85 　依序把盆菜材料放入盆中，這個過程稱為「打盆」，攝於 2022 年 10 月 2 日。

蘿蔔、枝竹和豆卜，接著疊上豬皮、魷魚、門鱔乾和已拌過燜豬肉汁
的炸芋頭；放上燜豬肉，豬肉上放十數顆白魚丸，再放十數隻冬菇於
中間；最後每大盆放十隻大蝦，小盆六隻大蝦，把大蝦沿銻盆邊緣對
稱擺放，食材中間放上一隻已切件的白切雞，再在雞件上放一兩棵芫
茜作點綴。[36] 而粉嶺圍則會將盆菜分成五層，由下至上，最底層是白蘿
蔔，第二層是豆卜煮炸新鮮門鱔，第三層是加入了門鱔乾、慈菇、木
耳、枝竹、豬皮等材料所燜的豬肉，第四層為魷魚炒西芹，第五層便
是半隻切雞和斬件燒肉。[37]

　　時至今日，部分圍村仍然堅持以柴火灶來煮盆，他們指傳統灶頭
做出來的盆菜會更好吃，如何適時加柴、減柴及火候控制更能判斷一
位煮盆主廚的功力。另一方面，燜豬肉作為盆菜的核心菜餚，不同師
傅也有其獨特的烹煮方法，如沙田小瀝源村楊師傅是先放豬肉，再放
上醬料烹煮；[38] 屏山盆菜的豬肉則用南乳調味，加入小茴、八角、片

36　鄧浩存師傅訪問稿，2022 年 10 月 2 日。
37　彭坤穩師傅訪問稿，2022 年 2 月 4 日。
38　楊九師傅訪問稿，2022 年 7 月 10 日。

圖 86　粉嶺圍彭氏宗祠旁擺放木柴的房間，攝於
　　　　2022 年 2 月 4 日。

圖 87　圍村盆菜仍然堅持燒柴，以灶火煮盆，攝於 2022 年 2 月 4 日。

糖、蒜頭、洋蔥和燒酒等，每一鍋豬肉要用大概一小時燜煮。每位師傅都強調自己的煮法為「古法」、「傳統」。[39]

　　盆菜於現今世代已經相當普及，而圍村因儀式需求所煮的盆菜與市面販售的商業盆菜，差別在於前者多傾向以柴火灶烹煮，而後者則普遍以瓦斯爐烹煮。兩者的味道當然有所差別，鄧聯興師傅曾指出，柴燒火力比瓦斯爐更猛更均勻，且多一份芳香天然的感覺，[40]但讓圍村村民堅持傳統煮法的原因，並非單純要維持昔日風味，更重要的是強調族群的身份認同 —— 強調圍村的煮盆方式才是正宗的烹煮方式，有別於在城市生活的烹煮方式，這可以說是一種環繞煮盆方式話語權的爭奪戰。

「九大簋」與盆菜

　　談到盆菜，就不得不提另一種相當常見的鄉村宴會美食 ——「九大簋」。事實上，兩者有一定關聯，坊間有時甚至會把兩者混為一談。

　　「九」在古代中國有代表尊貴的意思，「大」則指豐盛，而「簋」則是一種古代中國放置食物的器皿，在周朝禮法中九簋是最高級別的器皿，故此「九大簋」顧名思義就是尊貴又豐富的美食，廣東話「請你食九大簋」便指為賓客提供最高規格的招待的意思。[41]

39　鄧聯興師傅訪問稿，2021 年 10 月 9 日。
40　〈柴火盆菜　一剷幾十年〉，《蘋果日報》，2008 年 1 月 24 日。
41　劉智鵬、黃君健主編：《九大簋 —— 香港客家傳統飲食文化》（香港：新界鄉議局，2021），頁 21-22。

「九大簋」的歷史據稱可追溯自民國初年，是廣州人辦喜宴時主家所設的一種酒席。[42] 戰後在香港新界東北地區的客家村落，如沙頭角的擔水坑村、荔枝窩村，開始有於喜慶節日開設「九大簋」宴會的傳統，而在元朗的水蕉新村、沙田的小瀝源村等客家村落亦偶有所聞。按 1988 年《華僑日報》〈新界人吃盆慶元宵〉的報道中，便提到客家點燈儀式以吃「九大簋」為主，本地人則吃盆。[43] 不過有一些傳統圍村，如屏山鄧氏，亦傳有「九大簋」宴的傳統。[44]

　　與新界圍村的盆菜相比，「九大簋」在地區上有一定的局限性。它主要在新界東北流行，香港其他客家村落則未見「九大簋」的蹤跡。有設「九大簋」宴之傳統的客家村落在喜慶節宴都會開設「九大簋」宴會，甚少會吃盆菜。[45] 與盆菜把多道菜式放進同一個木盆裏享用不同，「九大簋」則是把不同的菜式放進不同的器皿中，不一定只有九道菜，甚或可以多至十多道。[46] 但跟盆菜一樣，「九大簋」都會採用地道及時令的食材，因此不同時間或地方舉辦的「九大簋」宴會的食材都有所不同，但也會選擇平日不會食用的珍貴食材。其中有某幾樣菜式在「九大簋」中較為常見，例如：燜豬肉、冬菇扣肉、魚鱔、髮菜蠔豉冬菇、白切雞、燜腐竹豬皮與甜酸門鱔等，當中大部分菜式都帶有「好意頭」，

42 〈粵垣之大餚飯〉，《工商日報》，1971 年 9 月 12 日。
43 〈新界人「吃盆」慶元宵〉，《華僑日報》，1988 年 2 月 28 日。
44 〈屏山九缽回味傳統〉，《蘋果日報》，2013 年 1 月 31 日。
45 〈【飲食籽】客家村辦 50 圍九大簋　村長：客家人過節不吃盆菜〉，《蘋果日報》，2017 年 2 月 9 日。
46 廣東省地方史志編纂委員會編：《廣東省志·風俗志》（廣州：廣東人民出版社，2002），頁 126–127。

如燜豬肉便代表「家肥屋潤」，茄汁大蝦是「哈哈大笑」等。[47]「九大簋」在過去是客家村落的主要宴會美食，每逢嫁娶、點燈、祝壽、賀年等都會舉行「九大簋」宴會，每次都由全村通力合作舉辦。因此，說「九大簋」是喜慶特色食物也不為過，其作用無疑是讓一眾村民共同享樂、聯繫感情。而盆菜之於客家村落，則多見於白事或春秋二祭等與祭祀相關的場合上。[48]

為何這些客家村落會有喜慶時吃「九大簋」、白事食盆的習慣？原因在於擺設「九大簋」的酒席十分複雜，「九大簋」宴會一般筵開數十圍，每桌包含十數道菜式，每款需要分開奉上，準備「九大簋」宴會所需要的碗碟便可能多達數百不等，喜慶節日尚且可以作如此安排。然而，在白事，特別是拜山時，分開奉上每一道菜的過程未免過於繁複，而盆菜則只需要用一個大盆，便能夠放置好全部菜式，較為方便快捷，因此更適合長途跋涉的白事。這也反映了為何在 1980 年代後，「九大簋」面臨消失的危機，而盆菜則日漸普及至成為香港飲食文化的一部分。

1980 年代的香港經歷急速的城市化，鄉村人口下降，而「九大簋」宴會需要多人甚至多村通力合作才能舉辦，可動員的人手減少，便毫無疑問成為了「九大簋」宴會減少的原因。相反，盆菜做法簡單，舉

47　劉智鵬、黃君健主編：《九大簋》，頁 66、70-96；〈果籽：本地盤菜 —— 沙田盛記元祖九大簋 / 元朗洪水橋圍村 / 大尾篤忠誠健康素盆菜 / 吳師府私房菜 2020〉（影片），《蘋果日報》，https://www.youtube.com/watch?v=_ajTbZ64ICA&t=193s，瀏覽日期：2023 年 9 月 6 日。

48　劉智鵬、黃君健主編：《九大簋》，頁 62。

圖 88　楊九師傅指客家盆菜起源自「九大簋」，攝於 2022 年 7 月 10 日。

辦宴會的人手成本也遠低於「九大簋」，因而不少村落在大小節日也改為食盆。沙田小瀝源村最後一次舉辦「九大簋」宴會已經是 1980 年代的事情，此後基本上以盆菜宴取代。[49] 但同時，這一情況也意外地促成了有別於圍村盆菜之客家盆菜的誕生。

　　沙田小瀝源村村長楊九指出，過去村裏曾有設「九大簋」宴席的傳統，但由於「九大簋」分開奉上菜式相當花時間，後來村民便先把九道菜煮好，然後將全部菜放在一個大盆裏，再上桌，後來這種習慣逐漸演變成盆菜。故此，過去桌上的「九大簋」菜式成為村中盆菜裏的菜餚，而這正是屬於小瀝源村的客家盆菜之由來。值得注意的是，小瀝源村的客家盆菜跟本地村落的盆菜一樣，以燜豬肉為盆菜的核心菜餚，但楊九村長強調他的燜豬肉是用客家的煮法處理。儘管跟本地村落盆菜的燜豬肉一樣，都以南乳為主要調味料，但小瀝源村客家燜豬肉的燜煮方法便跟其他村落的有所出入。一般燜豬肉的做法，多數先放醬料再下豬肉，或是先稍煮豬肉後加入調味料，再加以翻炒；而小瀝源村的燜豬肉是先把豬肉放入鑊，把豬肉放成卷狀，才在豬肉上

49　同上註。

鋪上醬料，不翻炒便蓋上蓋子讓味道滲透入豬肉中。[50] 而且與本地圍村不同，客家村落大多是雜姓的村落，故此舉行的儀式和圍村這種單一姓氏村落有所不同。就以小瀝源村為例，一共有五個姓氏，也就有五個祠堂，故此在進行祭祖、點燈等與祖宗相關的儀式活動時，村民會先回到各自姓氏的祠堂進行相關儀式，儀式結束後，所有人便會一起聚集到同一個地方，不同姓氏的村民一起食盆或「九大簋」。[51] 跟其他村落的情況相類似，楊九村長也憶述他最後一次辦「九大簋」宴已是他妹妹在 1980 年代結婚的時候。這一例子顯示「九大簋」如何受城市發展的影響而式微，而這些原本會籌辦「九大簋」宴的村落則以盆菜宴取而代之。[52]

不過也有盆菜與「九大簋」在喜慶場合同時並存的情況，屏山鄧氏正是一例。屏山鄧氏不論是喜慶節日或是春秋二祭都會以盆菜設宴，但一些富有人家會以「九大簋」招待客人。出生於屏山鄧氏的知名時裝設計師鄧達智曾憶及一次家裏設「九大簋」招待來屏山作客的著名作家白先勇先生，宴席的菜式有冬菇、鮑魚、燕窩、炸蠔、神仙鴨、南乳鵝、蒸烏頭等。[53] 鄧指出屏山盆菜中九缽菜最矜貴，指用九個大碗上菜，一般只有圍村中較為富裕的家庭才會吃。兩杉四缽為中等（兩個大碟和四個大碗），[54] 杉是指放置基本食材的兩個大碟，而缽則是放置

---

50 楊九師傅訪問稿，2022 年 5 月 19 日。
51 楊九師傅訪問稿，2022 年 7 月 10 日。
52 〈盆菜師傅楊九　守住舌尖上的鄉村記憶〉，《文匯報》，2023 年 1 月 27 日。
53 鄧達智、鄧桂香：《元朗四季好日子》（香港：萬里機構，2013），頁 61。
54 鄧聯興師傅訪問稿，2021 年 10 月 9 日。

其他菜式的盤。[55] 故此可以看出「九大簋」形式的盆菜在圍頭村落而言是較為高級的宴餚，尋常人家仍然以盆菜宴為主。同時，鄧聯興師傅也提到屏山鄧氏的常見「九大簋」菜式包括一道小盆菜，[56] 盆菜在這情況下成為了「九大簋」宴的一部分。不過「九大簋」在圍村的儀式作用，與盆菜用於聯繫祖宗後代的作用相異，它的設宴場合以招待貴賓為主，其作用無疑是聯繫友誼，發揮村民好客精神為主。因此，儘管在屏山「九大簋」與盆菜共存，但其地位難與盆菜相提並論。

食盆在不同時空下被賦予的意義

1898 年中英雙方簽訂《展拓香港界址專條》，英國租借新界後，並未立刻把新界視為香港整體的一部分。由於租借的性質，港英政府在施政上有意無意地把新界和香港島及九龍區別開來，並刻意保留新界社區的習俗和傳統，例如特別為新界設《新界條例》—— 該條例賦予法院權力承認和執行任何與土地有關的華人習俗和權利，即根據《大清律例》處理新界的習俗。港英政府駐新界的官員，不論是理民官還是華民政務司都模仿中國的父母官，並給予新界居民房屋繼承權和習俗所有權，故此與發展起商業經濟的香港島不同，新界一直維持農業經濟，導致其與香港其他地方形成鄉村和城市的區別。[57]

---

55 〈圍村盆菜這個傳統是否正在消失？〉，2021 年 2 月 9 日，米芝蓮指南，https://guide.michelin.com/hk/zh_HK/article/features/walled-village-poon-choi-disappearing-tradition-hong-kong，瀏覽日期：2023 年 9 月 6 日。

56 〈【飲食男女】莫失莫忘 —— 屏山傳統盆菜〉，《蘋果日報》，2019 年 2 月 3 日。

57 Selina Ching Chan, "Colonial Policy in a Borrowed Place and Time: Invented Tradition in the New Territories of Hong Kong," *European Planning Studies*, vol. 7, no. 2 (1999), pp. 231–241.

　　港英政府刻意保留新界圍村的傳統和習俗，圍村人也同樣強調及努力維持自身的傳統和習俗。由於過往交通網路未完善，加上新界仍然處於鄉郊用地之內，故此城市與鄉村之間關係疏離，甚至可以區分為「我者」和「他者」，以及「先進」和「落後」。鄉村在整個香港社會中處於邊緣的位置，過往城市人視前往新界為旅遊，因而在 1980 年代之前，大多數香港人對於新界原居民的飲食文化並不熟悉，相關的報道及交流可謂少之又少。盆菜在主流社會中被視為鄉村、像是富有「異國」特色的菜餚，談不上是城市生活的一部分。然而，隨著香港人口增長，港英政府著力發展新界，自 1960 年代起把新界視為香港整體的一部分，並曾多次嘗試在新界實行市區制度，以此加快新界與香港都市的融合。例如在 1966 年，港督戴麟趾（David Trench）及市政局曾研究將市政局職能擴大至全港的可能性，卻受到新界鄉議局的反對，理由是新界的治權是建基於《展拓香港界址專條》，故此不應該把新界與港九一同發展。從 1970 年代開展新市鎮計劃到 1980 年代推行地區行政計劃，都意味著新界逐漸被納入香港社會整體的發展藍圖之內，城鄉邊界逐漸消失，城鄉之間的交往變得頻繁。[58]

　　然而，城鄉邊界的消失卻未能消除城鄉之間的分野，反而強化了新界原居民的身份認同。歷史學者鄺智文指出港英政府視鄉議局為新界而非原居民的代表，透過翻查香港的舊報紙，他發現 1976 年之前香港的報紙甚少以「原居民」來形容新界人。鄉議局內部在過往也把自己

58　鄺智文：〈從「新界人」到「原居民」：英治時期香港新界村民的身份建構〉，《香港社會科學學報》，第 52 期（2018），頁 39–72。

視為全新界的代表，而非單一族群的代表。[59] 當新市鎮的發展導致大量外來人口遷入，儘管鄉議局部分成員希望能夠增強鄉議局的代表性，推展至代表新界 —— 也包括新遷入的人口，但是內部主張維持現狀的聲音佔多數，他們認為如果「外人」加入鄉議局會影響局內的運作，同時他們開始以「原居民」來稱呼原來居住在新界的鄉民，以此區別「我者」和「他者」。而原居民對於政府大量收地發展新市鎮的做法也相當不滿，因此港英政府一改把新界所有族群視為整體的做法，改為區別原居民及外來人口，並在 1972 年正式定義新界原居民的身份，推出「新界小型屋宇政策」，即所謂「丁屋」，以確認原居民的建屋權。[60]

社會心理學家亨利·泰菲爾（Henri Tajfel）曾提出社會認同理論，指出當人們與其他社會群體進行比較時，就可能產生社會標籤效應，人們會把自己歸類為不同的社會群體，並以此來形成自己的身份認同。這種歸類是一個自我過程，人們會將自己歸類為與自己相似的人。這種歸類會導致出現一個「我們」的群體和一個「他們」的群體，再甚者當人們感到自己所屬的社會群體受到威脅時，他們可能會表現出保護自己群體的行為。[61] 前文提及，圍村村民拜祭祖先其中一個目的是為了從祖先處得到風水力量的庇蔭，事實上圍村村民在選擇祖宗墳地或祠堂時就十分重視風水，過去甚至有村民因為風水問題而大打出手，[62] 有傳言屏山鄧氏的祖先在尋找地方立村時特意邀請了風水先生到

---

59 同上註。
60 同上註。
61 Henri Tajfel and John Turner, "An Integrative Theory of Intergroup Conflict," in *The Social Psychology of Intergroup Relations*, eds. William G. Austin and Stephen Worchel (Monterey, CA: Brooks/Cole, 1979), pp. 33–47.
62 〈元朗大圍村內　風水爭執　一人被毆〉，《工商日報》，1956 年 3 月 5 日。

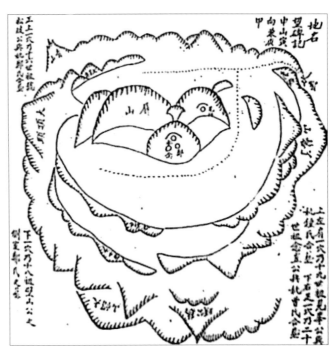

圖 89　圍村村民相當重視風水，圖為屏山後地的風水圖，風水
地形：望碑記。農曆九月廿九在屏山後地拜祭明冠帶壽
官十世祖鄧公松波府君、母鄭氏孺人（圖片來源：《鄧
氏族譜》，屏山鄧族文物館藏）。

不同地方考察，最終他們選擇屏山，並在該處興建宗祠，從而得到風
水的力量。[63] 然而，新界的發展卻影響了圍村的風水，政府因為要發展
新界，其中收購的土地偶爾牽涉到圍村宗族的祖墳，而政府會要求圍
村村民搬遷祖墳。在村民眼中，祖墳擁有許多風水的力量，各處祖墳
的風水庇蔭宗族，一旦搬遷了祖墳，風水便會失去來源。因此，他們
更強調要進行「食山頭」、食盆等儀式，以向外界展示團結的一面，例
如「食山頭」時幾百名村民攀山涉水到祖墳食盆，更清楚地向外界表
達圍村村民保衛土地風水的決心，[64] 過去甚至曾因此與外人有所爭執。[65]
為了強調自身作為原居民的身份，圍村人通過對歷史和社區習俗的傳
承，塑造作為原居民的集體意識，以此向外界展示自己的身份和突出

63　廖迪生：〈把風水變成文物〉，頁 1–16。
64　同上註。
65　〈逾百村民祭祖「食山頭」受滋擾　村民飛擲碗碟傷人　輔警調解亦被推倒〉，《華僑日
　　報》，1987 年 11 月 9 日。

彼此的不同，同時對內將自身的傳統及價值傳承下去，而當中一些傳統習俗因而得到重視，食盆正是其中一個典型例子。

1980 年代中英談判期間，鄉議局積極爭取中央政府承認新界原居民的身份。時任鄉議局主席劉皇發曾在 1983 至 1984 年間分別兩次組織新界團進見時任港澳辦主任廖承志及姬鵬飛。在 1983 年第一次進見廖承志時，鄉議局提交的意見書要求延長過渡期讓英國繼續託管；但到 1984 年進見姬鵬飛時，劉皇發則表示鄉議局支持中央政府恢復對香港行使主權，並主張回歸後維持並加強鄉議局的地位。[66] 劉皇發其後獲邀出席《中英聯合聲明》的簽署儀式，及後獲中央委任為基本法起草委員會成員，最終《基本法》第 40 條列明：「『新界』原居民的合法傳統權益受香港特別行政區的保護。」這表示新界原居民的傳統習俗成功獲官方認可，能夠過渡至 1997 年後。

為了在日益受城市影響的鄉村生活中凸顯原居民的獨特身份，從而區分自身與外來人口不同，新界原居民比以往更加刻意宣揚自己的特有習俗，食盆便是其中一例。城市文化逐漸影響新界鄉村生活，村民對於村落過去簡單、接近自然、群居的生活方式感到懷念，加上對現實生活的不安，從而引起「鄉愁感」。在這情況下，食盆成為了一個用以追憶過去村民共同生活的媒介，也成為了圍村村民對於鄉愁的抒發。[67] 食盆也發揮著強調身份認同、傳統和對外展示團結的功能，而大

---

66 劉皇發：〈在國務院港澳辦公室姬鵬飛主任接見本團時的演講辭〉（1984 年 5 月 3 日），載新界鄉議局編：《新界鄉議局成立六十週年慶典特刊（1926–1986）》（香港：新界鄉議局，1986），頁 169。
67 Selina Ching Chan, "Food, Memories, and Identities in Hong Kong," pp. 204–227.

規模的盆菜宴更能展示原居民的力量，並向中央及香港政府表達這信念，食盆這一習俗得到了鄉人的重視，成為新界圍村人強調其原居民身份的元素。

逐漸消失的城鄉邊界不單提升原居民的身份認同感，同時也促使城鄉之間的交流。城市因而接觸到圍村文化，圍村村民也接受了城市的價值觀。香港過去以農業為主導，直至香港島北岸開發後才出現市區的概念。19 世紀至 20 世紀初，《香港藍皮書》一直把維多利亞城以外的地區列為郊區，但經過持續的城市化，香港島和九龍半島到了二戰後已經可以列為市區，而新界則直至在新市鎮發展前一直被視為鄉郊地區。[68] 市區和新界發展水平的差異很大，前者的人口密度也比後者高很多。按 1949 年政府統計處的統計，全港共有 185 萬人，新界人口只佔 20 萬，約佔總人口的 10%；[69] 即使在 1955 年，新界人口也只有 26 萬人。[70] 在戰後，儘管市區已經有相當多的商業和工業活動，但鄉村依然以農業和漁業為主，故此城鄉交流並不頻繁。

隨著戰後香港人口急速增長，不論在土地、糧食、房屋、就業、教育等各個領域上都有迫切的需求。為了應付龐大人口增長的需要，港英政府從東南亞進口廉價的大米，結果卻導致香港的稻米產量下降。新界圍村村民的生計受到影響，他們嘗試尋覓農業以外的工作。[71]

68　香港地方志中心編纂：《香港志：自然・建置與地區概況人口》（香港：中華書局，2023），頁 240。

69　《1950 年香港年鑑》（香港：華僑日報出版部，1950），頁 23。

70　"Annual Department Report by the District Commissioner, New Territories," 1955.

71　〈香港 BNO 移民潮：戰後港人歷次「走出去」的因由〉，《BBC News 中文》，2021 年 2 月 1 日。

適逢 1948 年英國首相艾德禮（Clement Attlee）頒佈《1948 年英國國籍法》（British Nationality Act 1948），這條法律沒有區分英國公民和殖民地公民的英國居留權和工作權，故此很多昔日在稻田工作的新界圍村村民就到了英國等地碰運氣，他們主要從事餐飲行業。[72] 新界圍村村民在英國開設了許多餐館，他們以裙帶關係聘請其他鄉民，故此每年都有過千甚至過萬新界圍村村民出洋謀生。1961 年《華僑日報》出版的《香港年鑑》就指出，新界幾乎每一條村落都有至少一名青年在外，足跡遍及西印度、太平洋群島、婆羅洲、歐洲等地。[73] 1962年，英國雖然收緊了國籍法，卻開放在英港僑的家屬申請在英定居，故 1971 年時新界青年赴英的數量因人數限額而減少，而家屬赴英的申請眾多。[74] 因應前往英國的就業名額減少，新界青年轉向市區工作，港督麥理浩曾在 1975 年於國際社會工作聯會中指出香港鄉村人口湧入市區是當時香港發展的一大難題，[75] 而新市鎮的發展便給予新界村民一個機會。

1960 年代起內地大批移民湧入，加上香港由轉口貿易轉型成工業城市，導致香港對於房屋及工業用地需求上升。故此政府開始發展新界，並公佈新市鎮計劃，新市鎮改變了新界地區的土地用途，當中有大量農地被徵收，不少魚塘被填平，單是在 1976 年就已經有 500 萬

---

72 Hugh D. R. Baker, "Branches All Over: The Hong Kong Chinese in the United Kingdom," in *Reluctant Exiles?: Migration from Hong Kong and the New Overseas Chinese*, ed. Ronald Skeldon (New York: M. E. Sharpe, 1994), pp. 291–307.
73 《1961 年香港年鑑》（香港：華僑日報出版部，1961），第二篇（三）。
74 〈新界青年申請赴英就業仍多　今年已額滿　旅英鄉僑家屬申請則放寬〉，《華僑日報》，1971 年 10 月 16 日。
75 〈港督在國際社會工作聯會稱鄉村人口湧入市區成為本港發展難題〉，《工商日報》，1975 年 9 月 2 日。

平方呎的土地被徵收用作發展新市鎮，工業的擴張也讓農業耕作土地縮減，蔬菜面臨產量下降、菜價上升的問題。[76] 在工業擴張下，新界農地變成工業用地，而新界圍村青年亦荒廢農地到了新市鎮的工業區打工，例如元朗的橫洲工業邨。[77] 1972 年，香港實施小型屋宇政策（即丁屋），此政策允許新界男性原居民可以向政府申請在所屬鄉村興建丁屋。[78] 原居民的權利被認可後，政府也通過更高的地價補償原居民在發展新市鎮過程中被徵收的土地。[79] 1983 年的「生發案」（Melhado Case）更確定了農地改作任何非建屋用途時無須獲得政府批准，從此很多農地被用作停車場、貨櫃場和回收場。[80] 更重要的是國家改革開放後，香港容許內地的農商註冊為合作社社員，並開始從內地輸入較為廉價的農產品，令香港的農產品失去競爭力，逐漸被內地農產品取代。

圍村的農業經濟因而走向式微，促使更多圍村村民到城市打工，更有不少村民從外國回流，他們受新市鎮城市人的價值影響。政府也刻意在鄉間地區興建更多基礎建設及房屋配合鄉鎮發展，並在新市

---

76 《1976 年香港年鑑》（香港：華僑日報出版部，1976）。
77 《1978 年香港年鑑》（香港：華僑日報出版部，1978），頁 107；《1976 年香港年鑑》，頁 101；《1973 年香港年鑑》（香港：華僑日報出版部，1973），頁 64。
78 新界小型屋宇政策於 1972 年 11 月獲得行政局（現稱「行政會議」）批准，由 1972 年 12 月起實施，旨在讓原居村民得以「一生一次」向當局申請批准，在其所屬鄉村內的合適土地上建造一間小型屋宇。見〈新界鄉村屋宇〉，香港地政總署，https://www.landsd.gov.hk/tc/land-disposal-transaction/village-houses-NT.html，瀏覽日期：2024 年 1 月 26 日；〈小型屋宇政策雖已實施　鄉民申請建屋仍受諸多阻難〉，《華僑日報》，1973 年 9 月 24 日。
79 《1976 年香港年鑑》，頁 72。
80 香港最高法院上訴法庭在此案件裁定集體官契中對於農業用地的描述僅僅為描述性質，故此無法限制土地的使用，更沒有證據證明新界土地使用變更需要地主同意的習慣法，故此儲存鋼樑不違反租約條款。見 "Attorney General v. Melhado Investment Ltd., CACV 79/1982 (Court of Appeal 1982)," https://legalref.judiciary.hk/lrs/common/search/search_result_detail_frame.jsp?DIS=15259&QS=%28Melhado%7CCase%29&TP=JU, accessed Jan. 26, 2024。

圖 90　1970 年代新界旅遊圖（圖片來
　　　 源：香港歷史博物館藏品，香港
　　　 特別行政區政府准予複製）

鎮興建大量公屋，讓原本集中在市區的人口逐漸散居到新界九個新市
鎮，使新界人口在 1981 年已經激增至 130 萬人，佔全港總人口 550 萬
的四分之一，港、九、新界人口分佈變得平均。[81] 香港城鄉差異逐漸收
窄，越來越多城市人也來到郊區旅遊，單是 1976 年，就有超過 200 萬
旅客（包括本地旅客）到郊區旅遊，這也反映了城鄉差異收窄後，城
鄉交流漸增。[82]

　　圍村重男輕女、長幼有序的價值觀逐漸因為城鄉交流漸增而改
變。為了讓新一代了解圍村的歷史及習俗傳統，越來越多圍村的山頭

81　《1981 年香港年鑑》（香港：華僑日報出版部，1981），頁 3。
82　《1976 年香港年報》（香港：政府新聞處，1977）。

容許及鼓勵男女老少一起參與食盆，如鄧聯興師傅曾指出有山頭允許
外人以客人身份，在村兄弟邀請下參與。[83] 另外，過往煮盆通常是各房
的成員輪流負責協助，然而從 1980 年代開始，一些成員的後裔不想再
擔任這個職責，他們遂聘請族中婦女幫忙籌辦。[84] 結果，食盆由以往是
村中長者的特權，變成一個超越年齡、性別差異的聚會 —— 這做法有
助提升村內的凝聚力，同時反映圍村隨時代進步，從一個由男性主導
的村落演變成一個相對更為平等、更多元的地方。但值得留意的是，
男性村民在宴會中仍佔主導地位，而且還是有山頭維持只有男丁可以
參與的傳統，例如屏山坑頭房於農曆九月十五拜祭愈喬二祖的「紅墳
前」山頭，便仍然維持了只允許 50 歲以上的村中父老「食山頭」的傳
統，反映祭祀活動中男性長者的特權地位。[85]

再者，村民也受惠於香港急速的經濟發展。隨著村民收入增加，
盆菜的菜式亦更為多樣豐富。肉類在過往相當稀有，但伴隨生活水平
的提高，肉食變得唾手可得。為了吸引更多村民，尤其是年輕一輩的
參與，盆菜在食材的選擇上也與時俱進。食材的多樣使盆菜在價格和
口味上的選擇更具競爭性，更易於被推廣，從而更加普及。

承上提到城鄉邊界的消失導致城市人能更容易接觸鄉村，同時也
提升了圍村人的身份認同感，本來兩者之間存在著一定的矛盾，但以
下的事件卻意外造就了盆菜的普及。

83　鄧聯興師傅訪問稿，2022 年 10 月 9 日。
84　同上註。
85　同上註。

1996 年 12 月 31 日，鄧達智在回歸前最後一個除夕夜，在屏山祠堂舉辦了一場盆菜宴，宴請了二百多位文化界人士，包括劉健威和梁秉鈞（也斯）等人。[86] 消息傳出後引起了多方關注，連香港旅遊協會也派員來了解。其後在 1998 年，香港旅遊協會於添馬艦舉行「千人盆菜宴」，[87] 把盆菜推上更矚目的位置。食盆文化的普及，也把更多村外的生意引進至盆菜店。鄧聯興師傅憶述在慶回歸宴前，屏山鄧氏的食盆文化一度失落，村民有喜慶事時流行上茶樓辦宴席，而不再是食盆，直至經過各方大力推廣，盆菜才在村中再次興起。[88] 這反映食盆文化曾因為各種原因逐漸消逝，但新界圍村人為了強調自身的傳統，向外界展示族群的團結，凝聚族內的認同感，舉辦盆菜宴成為了他們向外宣示自身的機會。

　　隨著 18 區區議會的成立、屏山文物徑的開放及城鄉之間交通網絡的改善，城市居民接觸鄉村文化的機會大增，本地一日遊的興起，吸引城市人前往鄉郊感受鄉村生活。同時各區區議會都嘗試推出不同的活動以吸引市民前往遊覽，例如《華僑日報》的〈推出傳統美食及盆菜　今年沙田節籌辦菊花展　並擬邀粵省紅線女參加〉（1989 年 3 月 6日），以及〈建立社區基礎居民打成一片　沙田節獲十萬人參與〉（1990年 1 月 15 日）[89] 的兩篇報道可見，沙田推出了傳統盆菜作為社區活動所

86　譚潔儀：《港人港菜》，頁 21-22；鄧達智：〈【此山中】今非昔比話團圓〉，《文匯報》，2022 年 2 月 4 日。

87　〈盆菜宴叫好又叫座〉，《星島日報》，1998 年 11 月 30 日；〈添馬艦千人盆菜宴　旅協月底舉辦　吸引遊客市民同饗〉，《大公報》，1998 年 11 月 16 日。

88　鄧聯興師傅訪問稿，2022 年 10 月 9 日。

89　〈推出傳統美食及盆菜　今年沙田節籌辦菊花展　並擬邀粵省紅線女參加〉，《華僑日報》，1989 年 3 月 6 日；〈建立社區基礎居民打成一片　沙田節獲十萬人參與〉，《華僑日報》，1990 年 1 月 15 日。

享用的美食，一方面透過活動宣傳沙田，另一方面透過推廣特色美食來強調社區特色。在這兩日的報道中，除沙田舉辦沙田節外，葵青區舉辦了滅罪嘉年華，荃灣為荃灣大會堂添置新設施，大埔亦舉行了籃球比賽，可見 1980 年代區議會成立後，各區都在嘗試舉辦不同活動來推廣自身，而盆菜則成為這些活動或慶典的美食。原本圍村人強調食盆的傳統是為了突出群體間彼此的不同，但城市人接觸到盆菜後卻視此為代表香港的食物之一。一時間新界圍村從社會的邊緣被聚焦成社會的中心，盆菜也從鄉村食物變成香港社會的普及美食。

為何盆菜會在香港變得普及？其中一個可能性是中英談判為香港帶來集體的身份認同危機，特別是香港作為一個移民社會，居民很容易對於身份認同產生疑問，在文化歸屬感產生危機時，人們便通過所謂「尋根」來想像自己的過去。如〈社會開放元宵佳話不如前　新界圍村仍保留傳統〉[90] 這篇報道便指出，廣東粵菜是廣東美食，反而盆菜乃圍村獨有食物，是真真正正代表香港的美食，是香港獨有的。從中可見當時的媒體渴望發掘香港的傳統，而圍村盆菜正正能夠成為一個香港人想像的傳統符號。當時不同媒體都開始發掘盆菜的故事，例如旅遊雜誌《旅遊之聲》第 139 期的〈鄉村美食嘉年華 ── 共冶新界傳統佳餚一爐〉便介紹了食盆，[91]《亞洲週刊》也撰寫了〈眾筷齊下細嘗盆

90 〈社會開放元宵佳話不如前　新界圍村仍保留傳統〉，《華僑日報》，1988 年 3 月 7 日。
91 〈鄉村美食嘉年華 ── 共冶新界傳統佳餚一爐〉，《旅業之聲》，第 139 期（1988 年 8 月），頁 12–13。

一大盆歷史〉來介紹食盆的歷史，[92] 甚至中大聯合書院的校刊也有探討食盆的故事。[93]

在這潮流下，香港不少商家、餐廳老闆都加以推廣鄉村風味的食物，並把這些菜餚帶入商業領域，[94] 成為香港人日常餐飲文化的一部分。餐飲界在電視節目、書籍中介紹不同鄉村的美食和烹飪方法，[95] 散文作家、演藝紅人也寫了不少有關盆菜的作品，如散文作家也斯就曾分別撰寫有關盆菜的詩及文章；[96] 1990 年，詩人溫明甚至寫了有關盆菜的詩。[97] 這些節目、書籍和文章都鼓勵人們通過食物去了解自身的根源，透過食物幫助香港人理解並想像過去的傳統和身份。簡單而言，香港人在尋找文化歸屬感期間，借用盆菜這種新界鄉村食品作為籠統的香港身份象徵。[98] 藉著食盆這個典型例子，幫助人們建立對於香港文化和身份的認同，並通過對食物根源的想像，把香港與祖國的過去聯繫在一起。[99]

除此之外，盆菜的普及有著更實際的原因，就是經濟不景導致香港市民在選擇節慶美食時會更大程度地衡量價格。而盆菜正是一個相對人均消費不高且方便的選擇，符合家庭所需。商家看準時機，不論

---

92 〈眾筷齊下細嘗盆一大盆歷史〉，《亞洲週刊》，第 5 卷，第 41 期（1991 年 10 月 20 日），頁 51。

93 〈香港客家禾坑村的祭祖活動〉，《聯合校刊》，第 51 期（1994/1995 年度），頁 50-61。

94 〈冬令中西美食精選　美麗華東西宮呈獻〉，《大公報》，2001 年 1 月 4 日；〈快餐店推賀年中菜外賣〉，《大公報》，2001 年 1 月 10 日；〈大家樂創新口味「龍蝦大盆菜」〉，《明報》，2001 年 1 月 14 日。

95 黃家和：〈香港漁農餐飲萬人盆菜宴意義重大〉，《雜貨月刊》，2004 年 1 月號。

96 也斯：〈吃盆菜〉，《文學世紀》，總第 12 期（2002 年 3 月）。

97 溫明：〈盆菜〉，《詩雙月刊》，第 1 卷，第 4 期（1990 年 2 月）。

98 Smart, "Cognac and Pool-choi."

99 Cheung, "Consuming 'Low' Cuisine after Hong Kong's Handover," pp. 259–273.

是連鎖快餐店、高級中餐廳或高級酒店都相應推出盆菜，因此1990年代起市面上便出現了一種全新的盆菜，即商業盆菜。1980年代，香港從一個工業城市變成一個國際大都會，城市生活也日漸商品化及市場化，香港的食品也開始依賴進口。香港在1960年代擁有面積達8,018公頃的稻田，菜田、花圃、果園等也有4,969公頃，但到了1980年代，稻田只剩下30公頃；[100] 2021至2022年《漁農自然護理年報》指出，香港只剩下760公頃土地用作耕種。[101] 1980至1990年代香港的蔬菜自足率仍然有超過30%，時至2021年只剩下1.6%。[102] 這意味著香港需要更依賴進口食物，故此商業盆菜的食材比起傳統盆菜更為多元化，過去傳統盆菜採用地道時令的食材，較為簡單，但現代盆菜的成分則是來自世界各地的優質食材，反映了全球食材的融合。現代盆菜儼然成為了像飲茶一樣普及的飲食方式，混合了各種進口及本土的食物，滿足了消費者的不同需要，盆菜因而成為了香港國際化現代都市的生活方式象徵。[103]

現代商業盆菜沒有承載傳統食盆菜那種連繫祖宗與子孫的意義，也沒有包含農村社會及宗族的元素；不像傳統盆菜，商業盆菜並非在滿月宴、喜宴、春秋二祭等特定日子進食，一般香港人擺喜宴、滿月宴時仍然會在茶樓辦宴席，普羅大眾也沒有拜祭相隔數代的祖宗的傳

100 鄒崇銘、姚松炎：《香港在地農業讀本》（香港：土地教育基金，2015）。
101 《漁農自然護理署年報（2021–2022）：農業》，漁農自然護理署，https://www.afcd.gov.hk/misc/download/annualreport2022/tc/agriculture，瀏覽日期：2023年12月1日。
102 《漁農自然護理署年報（2021–2022）：農業》，附錄2，漁農自然護理署，https://www.afcd.gov.hk/misc/download/annualreport2022/lib/uploads/1683629431645a2577b9134/2_tc.pdf，瀏覽日期：2023年12月1日。
103 Kwok Shing Chan, "Poonchoi."

統，他們吃盆菜的時節大多是在中秋、新年等傳統節日（過往圍村村民並沒有過年食盆的傳統）。[104] 食盆由承載著一宗族連繫彼此成員的意義，變成強調一家人團圓的意義。

　　商品化無疑是導致現代盆菜意義被改變的最大原因，為了滿足不同消費者的需要，商家持續推出不同的盆菜款式。商業盆菜混雜了大量生產、商品化及創新等元素，正是反映消費社會文化的典型例子，更體現了在現代資本主義社會中，消費活動對於日常生活和身份認同的重要性。商業盆菜的宣傳有意無意淡化了傳統盆菜在宗教、文化、歷史、儀式上的意義，讓其失去特殊性和獨特性，僅僅模仿其形式和風格，並成功推銷為一種時尚、流行的消費產品。商家們的大肆宣傳導致食盆被塑造為香港的傳統文化。時至今日，食盆已經成為了香港節慶活動中不可或缺的一部分。很難想像在二三十年前，盆菜一詞甚少出現在媒體上，大部分香港人也不認識盆菜；但在媒體、商家的大肆渲染下，短短二三十年間，盆菜已經成為了香港的傳統食品，從圍村特色的節慶美食轉化成普羅大眾團圓活動時的美食。

　　在今天，食盆已經成為香港飲食文化重要的一環。每逢過時過節或大型慶典，香港各界包括社團、同鄉會、地產商、政黨都會舉辦盆菜宴，[105] 就連政府官員也會參與其中；[106] 政府也會在大型活動中籌辦盆

---

104 鄧達智指他們圍村在過年不會吃盆菜。見〈我們的春節 1：過年無人食盆菜　點丁燈有地分〉，《蘋果日報》，2012 年 1 月 22 日。
105〈舊機場大堂將擺設盆菜宴〉，《明報》，1999 年 1 月 19 日；〈新地開千人盆菜宴〉，《文匯報》，1999 年 3 月 7 日；〈歷屆活動花絮：聖誕迎新・聚舊・盆菜宴〉，《文匯報》，2013 年 3 月 7 日；〈民主黨盆菜宴〉，《蘋果日報》，2001 年 2 月 24 日。
106〈特首嘗盆菜　官民聚鄉情〉，《大公報》，1999 年 10 月 29 日。

圖 91　2014 年香港郵政和馬來西亞郵政聯合發行一套以兩地地道食品為主題的四枚郵票，
　　　其中一枚為盆菜（圖片來源：香港郵政署長授權刊登）。

菜宴，例如「慶回歸千人盆菜宴暨『一帶一路』多元文化嘉年華」。[107]
各大商家也爭相推出不同的盆菜款式，連鎖快餐店都會在新年推出特
價盆菜款式吸引顧客。[108] 旅遊業亦把食盆視為吸引旅客來港的賣點，[109]
旅行社也會把盆菜宴列為外地旅客到港的必吃美食，例如 2023 年香港
經歷疫情復常後，內地商務團訪港的第一站就是去沙頭角品嘗盆菜；[110]
2014 年香港郵政與馬來西亞郵政聯合發行特別郵票，主題為兩地的地
道食品，其中一枚郵票便以盆菜作為代表。[111] 這反映了盆菜在 21 世紀已
經成為香港人日常的飲食文化。

107/〈政務司司長出席慶回歸千人盆菜宴暨「一帶一路」多元文化嘉年華致辭全文〉，2017
　　年 12 月 23 日，香港政府新聞網，https://www.info.gov.hk/gia/general/201712/23/
　　P2017122300504.htm，瀏覽日期：2023 年 9 月 6 日。
108〈冬令中西美食精選　美麗華東西宮呈獻〉，《大公報》，2001 年 1 月 4 日；〈快餐店推賀
　　年中菜外賣〉，《大公報》，2001 年 1 月 10 日；〈大家樂創新口味「龍蝦大盆菜」〉，《明
　　報》，2001 年 1 月 14 日。
109〈旅遊發展局出書弘揚文化精粹　傳統節慶成遊港賣點〉，《星島日報》，2001 年 5 月 21
　　日。
110〈盆菜正金飾靚　坐小輪賞維港〉，《文匯報》，2023 年 5 月 17 日。
111〈發行特別郵票 ——「中國香港 — 馬來西亞聯合發行：地道食品」〉，2014 年 9
　　月 24 日，香港政府新聞網，https://www.info.gov.hk/gia/general/201409/24/
　　P201409230444.htm，瀏覽日期：2023 年 9 月 6 日。

第五章

總結

不同時空中一直被修正和詮釋的「傳統」

　　過去我們一直認為「傳統」是一個古老、靜態、不變的概念，然而近代學術界開始挑戰這種觀點。歷史學家艾瑞克・霍布斯邦及特倫斯・蘭格（Terence Ranger）在他們合編的著作 *The Invention of Tradition*（《被發明的傳統》）中指出，許多傳統不是古老且不變的，而是為政治和社會目的而創造和重新發明的。他們認為傳統不是沒有根據的，而是在特定的歷史時期和政治背景下被創造出來，並且不斷地被修正和重新詮釋，以適應不同的時代和社會背景。因此，「傳統」是一個動態的概念，而不是一個靜態的過去。例如，許多與英國王室有關的傳統，如加冕儀式實際上是在 19 世紀才被創造出來，以促進國家的統一和加強君主制的權力。[1]

　　前文提及的詮釋學大師高達美也指出「傳統」不是一成不變、僵化及靜止的，而是延續和創新的。傳統是在人們持續的對話和解釋中，不斷被重新詮釋和創新，使其得到新的發展和演進。故此傳統代表了一個社群的價值觀、信仰和生活方式，並影響著人們的思考和認知，也影響著他們對世界和現實的理解和認知。

　　食盆正是一個體現傳統被不斷修正和詮釋的典型和具體例子。當食盆跨越地域界限，離開農村宗族脈絡時，儘管其原來的農村元素及宗族性消失，但當市區的人們享用商業盆菜時，他們也能認識到食盆的起源及其歷史，了解到食盆的傳統從何而來，這反映傳統並非一個固定的狀

1　Hobsbawm and Ranger, eds., *The Invention of Tradition*.

圖 92　1983 年初丙崗村父老源叔在祠堂煮盆（圖片來源：陳普森先生）。

態，而是一個轉化的過程。食盆過往是圍村的傳統，現在它卻成為了香港的「傳統」，其農村特質更被城市化。與此同時，圍村村民作為擁有食盆話語權的持有人，他們也會通過食盆來強化自身的身份認同，更清楚地了解到自己與別人的差異；並且，圍村村民在這個所謂「傳統」話語權的爭奪戰中有著極大的話語權，他們通過食盆維繫自己的歷史、身份及地位。當食物走進城市時，人們會重新理解所謂食盆的「傳統」，並在傳統的解釋中加入現代素材作演繹，使其超越地域界限，變得混雜而多元。從盆菜這一圍村傳統美食，慢慢普及至成為香港的「傳統」美食的歷史脈絡中，也反映著不同時代的人如何理解這個世界。

食盆作為非物質文化遺產的啟示

食盆在 2017 年作為「社會實踐、儀式、節慶活動」類別的項目獲列入「香港非物質文化遺產代表作名錄」。[2]

2　〈香港非物質文化遺產代表作名錄〉，非物質文化遺產辦事處，https://www.icho.hk/tc/web/icho/the_representative_list_of_hkich.html，瀏覽日期：2024 年 1 月 18 日。

社會實踐指的是社會中有助社區成員加強認同感，及具連續性的，為許多成員所熟悉並共同參與的獨特活動；儀式則是一種形式化的社會實踐，通常與象徵性的行為有關，提醒著一個社區其世界觀和歷史；節慶活動則是指社區為慶祝特定事情、季節或概念而舉行的活動，通常在特殊的時間和地點舉行。[3]

同時，值得注意的是項目的名稱為「食盆」，而非「盆菜」。非物質文化遺產辦事處於「香港非物質文化遺產代表作名錄」對此有這樣的描述：[4]

> 新界本地圍村傳統會在宗族祭祀、打醮、婚嫁、添丁「點燈」、祠堂開光等場合，烹煮盆菜以饗族人，稱為「食盆」，族人圍坐而食，象徵團結。盆菜是新界本地宗族鄉村傳承了數百年、保存至今的一項獨特飲食文化，不但起著維繫族群的作用，而且具有確認宗族成員身份的社會功能。

可見食盆這項非遺項目的重點不單在於盆菜這項食品，更著眼於其發揮之象徵、文化意涵和社會功能。從籌備，到烹煮，至享用，食盆意味著前述步驟所構建成的整體，故若只著眼於盆菜，便如管中窺豹，難以透徹了解這項文化的價值。

---

3 "Social practices, rituals and festive events," UNESCO, https://ich.unesco.org/en/social-practices-rituals-and-00055, accessed Sep. 22, 2023.

4 〈盆菜〉，香港非物質文化遺產資料庫，https://www.hkichdb.gov.hk/zht/item.html?231fddfa-0e97-462e-a17f-4c01bbcb2e80，瀏覽日期：2024 年 1 月 19 日。

　　為總括以上脈絡，以下將說明本書的五個篇章，如何以不同角度來深入剖析食盆的文化和歷史內涵。

　　第一章為導言，除了概括地介紹了食盆，也明確指出盆菜並非一款單純的菜式，而是一項為慶祝或祭祀所舉行、形式化的社會集體行為和活動，故此盆菜展現了食物與社會文化之間的密切關係。

　　為了追溯盆菜與社區之間的關係，本書第二章回顧了過去研究盆菜的學術文獻，主要從人類學與社會學的角度出發，探討盆菜與維持圍村宗族社群的關係，討論當中所展現的價值觀，接著進一步探索盆菜普及化與香港整體社會環境變遷的關係。又以村民口耳相傳的盆菜起源傳說探討盆菜的歷史源流，從舊報章、舊雜誌描繪盆菜的用字來探討盆菜如何成為現今香港社會人人皆知的節日食品，從而揭示盆菜的普及化與香港社會的關係。

　　第三章詳細記錄了四條村落有關盆菜的故事，藉此了解盆菜背後的儀式過程，通過儀式了解食盆與這些宗族社群活動的關係；並通過訪問幾位煮盆師傅 —— 鄧聯興師傅、鄧浩存師傅、彭坤穩師傅和楊九師傅，了解煮盆過程、盆菜的食材以至技術傳承的情況。值得一提的是，楊九師傅所代表的小瀝源村與其他幾個例子的單姓村落不同，是一個由來自不同祖先、多個姓族聚居而成的社群，反映了盆菜在不同村落的出現和發展。從村落食盆的情況，如煮盆的人員、享用盆菜宴的客人的轉變也可以反映圍村的改變。與此同時，第三章記錄了不同村落盆菜之分別 —— 儘管盆菜食材及烹煮方式大同小異，仍然會因社

區環境而被調節或改變，反映了盆菜是一項非標準化的食物，承載著所屬地區的特色。

第四章探討食盆本身的文化內涵，先從盆菜的起源故事推斷圍村通過想像過去與君主皇權的連結來提升和鞏固自身地位，再從圍村宗祠的建立與儀式的功能分析食盆如何能起連繫宗族成員的作用。接著本章從盆菜的烹煮方式和食材選擇入手，解釋村落對「傳統」煮法，如堅持使用柴火灶，指出圍村透過強調傳統爭取對盆菜的話語權；並以圍村盆菜的食材來分析其展現出「不時不吃」的理念，還有豬肉這項食材與中國古代禮制的連結，展現盆菜與傳統文化的連繫。

第四章亦探討了盆菜與「九大簋」之間的關係，體現客家傳統飲食文化與圍村傳統飲食文化的不同。「九大簋」相較盆菜需要消耗更多人力和時間來準備宴席，較難適應現代講究快捷、經濟的消費及飲食文化，這情況體現於部分村落以盆菜來替代「九大簋」宴的變化中。最後，又探討了盆菜如何被不斷詮釋成為香港的「傳統」—— 城鄉間的互動與回歸前夕大眾對文化歸屬感的尋求，促使盆菜得到更大力的推廣；加上經濟和傳媒因素，盆菜被塑造成適合於節日享用的傳統食品 —— 反映「傳統」實際為一個動態的概念，被不斷地修正和詮釋來適應時代的需要。

飲食乃人類生存之基礎，但因應不同人類社群的生活環境和歷史脈絡，不同的飲食文化應運而生，造就各地的特色料理。近年，因聯合國教科文組織相繼把各種與飲食相關之項目列入非物質文化遺產名錄中，飲食文化作為一種非遺文化得到世界各地大眾的關注。

　　與有形文化遺產不同，非物質文化遺產不以實物形式存在；但不論有形或無形的文化遺產，也在反映特定的社區文化和歷史脈絡。過去獲聯合國教科文組織列入非物質文化遺產項目的美食，皆並非單單因為料理的烹煮技術或該食物的美味程度而獲列入名單之中，聯合國教科文組織更看重的是食物背後所承載的社區文化及脈絡，還有背後的儀式禮儀等。相關的項目詳見下表：[5]

聯合國教科文組織非物質文化遺產代表作項目名錄中與食物有關的項目

項目名稱	英文原名	申報地區或國家	類別	公佈時間
傳統墨西哥料理——祖傳的持續社區文化，米卻肯州	Traditional Mexican cuisine—ancestral, ongoing community culture, the Michoache Michoacán paradigm	墨西哥	人類非物質文化遺產代表作名錄	2010
法國的美食餐宴	Gastronomic meal of the French	法國		
土耳其「Keşkek」儀式傳統	Ceremonial Keşkek tradition	土耳其		2011

5　"The lists of Intangible Cultural Heritage and the Register of good safeguarding practices," UNESCO, https://ich.unesco.org/en/lists?multinational=3&term[]=vocabulary_thesaurus-10&term[]=vocabulary_thesaurus-12225&term[]=vocabulary_thesaurus-1675&term[]=vocabulary_thesaurus-3078&term[]=vocabulary_thesaurus-3506&term[]=vocabulary_thesaurus-6989&term[]=vocabulary_thesaurus-78360&term[]=vocabulary_thesaurus-79746&display1=candidature_typeID#tabs, accessed Jun. 3, 2024.

項目名稱	英文原名	申報地區或國家	類別	公佈時間
日本的和食傳統飲食文化，在新年慶祝活動中的表現	Washoku, traditional dietary cultures of the Japanese, notably for the celebration of New Year	日本	人類非物質文化遺產代表作名錄	2013
土耳其咖啡文化和傳統	Turkish coffee culture and tradition	土耳其		
地中海飲食	Mediterranean diet	塞浦路斯、克羅地亞、西班牙、希臘、意大利、摩洛哥、葡萄牙		
韓國的醃製、製作和分享辛奇	Kimjang, making and sharing kimchi in the Republic of Korea	韓國		
喬治亞古代傳統的釀酒方法	Ancient Georgian traditional Qvevri wine-making method	喬治亞		
亞美尼亞的拉瓦什，傳統麵包的製作、意義和外觀作為文化的表現	Lavash, the preparation, meaning and appearance of traditional bread as an expression of culture in Armenia	亞美尼亞		2014
朝鮮的泡菜製作傳統	Tradition of kimchi-making in the Democratic People's Republic of Korea	朝鮮		2015

項目名稱	英文原名	申報地區或國家	類別	公佈時間
阿拉伯咖啡，慷慨的象徵	Arabic coffee, a symbol of generosity	阿聯酋、沙特阿拉伯、阿曼、卡塔爾	人類非物質文化遺產代表作名錄	2015
抓飯文化和傳統	Palov culture and tradition	烏茲別克		2016
塔吉克斯坦的傳統抓飯傳統及其社會文化語境	Oshi Palav, a traditional meal and its social and cultural contexts in Tajikistan	塔克吉斯坦		
薄餅的製作和分享文化	Flatbread making and sharing culture: Lavash, Katyrma, Jupka, Yufka	阿塞拜疆、伊朗、哈薩克、吉爾吉斯、土耳其		
馬拉威的烹飪傳統——「Nsima」	Nsima, culinary tradition of Malawi	馬拉威		2017
製作和分享「Dolma」的傳統文化身份的標誌	Dolma making and sharing tradition, a marker of cultural identity	阿塞拜疆		
拿坡里的藝術——「Pizza」	Art of Neapolitan "Pizzaiuolo"	意大利		
馬爾他的扁酵母麵包烹飪藝術文化	Il-Ftira, culinary art and culture of flattened sourdough bread in Malta	馬爾他		2020

項目名稱	英文原名	申報地區或國家	類別	公佈時間
新加坡的小販文化，多元文化城市環境中的社區餐飲和烹飪實踐	Hawker culture in Singapore, community dining and culinary practices in a multicultural urban context	新加坡	人類非物質文化遺產代表作名錄	2020
海地的「Joumou」湯	Joumou soup	海地		
塞內加爾的烹飪藝術「Ceebu Jën」	Ceebu Jën, a culinary art of Senegal	塞內加爾		2021
肯亞推廣和保護傳統食品和飲食方式的成功故事	Success story of promoting traditional foods and safeguarding traditional foodways in Kenya	肯亞	良好保護實踐登記冊	
中國傳統茶處理技術及相關社會實踐	Traditional tea processing techniques and associated social practices in China	中國		
平壤冷麵習俗	Pyongyang Raengmyon custom	朝鮮		2022
哈里薩，知識技能烹飪和社會實踐	Harissa, knowledge, skills and culinary and social practices	突尼西亞	人類非物質文化遺產代表作名錄	
茶文化，身份、好客和社交互動的象徵	Culture of Çay (tea), a symbol of identity, hospitality and social interaction	阿塞拜疆、土耳其		

項目名稱	英文原名	申報地區或國家	類別	公佈時間
手工製作法國長麵包的技巧和文化	Artisanal know-how and culture of baguette bread	法國	人類非物質文化遺產代表作名錄	2022
約旦的「Al-Mansaf」，一個節日宴會及其社會和文化涵義	Al-Mansaf in Jordan, a festive banquet and its social and cultural meanings	約旦		
烏克蘭紅菜頭湯烹飪文化	Culture of Ukrainian borscht cooking	烏克蘭	有緊急需要保護的人類非物質文化遺產代表作名錄	

　　以第一個獲列入名單的「傳統墨西哥料理 —— 祖傳可持續性的社區文化，米卻肯州範例」（Traditional Mexican cuisine—ancestral, ongoing community culture, the Michoacán paradigm）為例，聯合國教科文組織這樣形容：

　　　　傳統的墨西哥料理是一種全面的文化模式，包含農業、儀式實踐、古老技術、烹飪技術及祖傳的社區習俗和禮節……他們的知識和技術表達了社區的身份，加強了社會聯繫，並建立了更強大的地方、區域和國家身份。（Traditional Mexican cuisine is a comprehensive cultural model comprising farming, ritual practices, age-old skills, culinary techniques and ancestral community customs and manners...Their knowledge and techniques express community identity, reinforce social bonds, and build stronger local, regional and national identities.）⁶

從上述文字的描述可見，被列入非物質文化遺產清單的食物，重要的並非食物本身，而是食物背後所代表的文化及社區聯繫。

又以較鄰近的國家作例子，日本和韓國在 2013 年分別有和食及辛奇獲列入世界非物質文化遺產代表作名錄。聯合國教科文組織形容和食是傳統的日本飲食文化並在慶祝新年時發揮關鍵作用，韓國的辛奇則象徵分享文化。⁷

中國的傳統茶藝也在 2022 年獲列入聯合國教科文組織人類非物質文化遺產代表作名錄，組織形容中國傳統茶葉是人們社交、婚宴、祭祀等儀式的重要部分，茶往往用來招待客人和建立社交關係，更重要的是，茶為社區建立了共同感和連續性。其他入選非遺代表作名錄的美食

6   "Traditional Mexican cuisine-ancestral, ongoing community culture, the Michoacán paradigm," UNESCO, https://ich.unesco.org/en/RL/traditional-mexican-cuisine-ancestral-ongoing-community-culture-the-michoacan-paradigm-00400, accessed Jun. 3, 2024.

7   "Washoku, traditional dietary cultures of the Japanese, notably for the celebration of New Year," UNESCO, https://ich.unesco.org/en/RL/washoku-traditional-dietary-cultures-of-the-japanese-notably-for-the-celebration-of-new-year-00869, accessed Jun. 3, 2024; "Kimjang, making and sharing kimchi in the Republic of Korea," UNESCO, https://ich.unesco.org/en/RL/kimjang-making-and-sharing-kimchi-in-the-republic-of-korea-00881, accessed Jun. 3, 2024.

也有類似的描述，由此可更深刻反映，食物作為非物質文化遺產，所承載的並非單是烹飪的技術，更是當中所承載的社會功能與紐帶。[8]

自上文多個例子，可以得知食物與其誕生之社區的密切關係，故傳承一項飲食文化時，如何把其所屬的社區脈絡傳承下去，更叫人深思。

食盆作為一項「社會實踐、儀式和節慶活動」之項目，更需要傳承的是這項文化所扎根的圍村社區和組織。過去二三十年的盆菜商品化的確使盆菜成功在城市得以普及，成為香港家喻戶曉的美食，甚至是香港飲食文化的代表之一，與飲茶、大排檔之類無異，相信這是所有讀者樂見其成的事情。但同一時間，圍村中不少年輕人選擇離開村落，到市區謀生及定居，[9]延續傳統所需的人力正在流失。另一方面，村民對儀式的投入程度也隨時間而減少。

伍鳳常博士曾在 2013 年調查圍村不同世代對於拜祭儀式的看法，發現 50 歲以上的受訪村民，一般都十分重視圍村的祭祀儀式，不少更發自內心相信村落的平安取決於拜祭儀式是否認真，才會得到神靈保佑，因此對於祭祀儀式充滿敬虔之心；30 至 40 歲的受訪者雖然未如長輩般相信祭祀儀式的超自然力量，但也相當重視儀式，並積極參與其中，這是源於他們深信儀式有助團結宗族；至於年輕的村民則認為

---

8 "Traditional tea processing techniques and associated social practices in China," UNESCO, https://ich.unesco.org/en/RL/traditional-tea-processing-techniques-and-associated-social-practices-in-china-01884, accessed Jun. 3, 2024.

9 鄧聯興師傅訪問稿，2022 年 10 月 9 日。

儀式具備一定意義，且是圍村的特色，但是他們不會積極投入其中，甚至認為自己連出席儀式也有困難，更有受訪者在被問及會否幫忙籌辦儀式時立刻支吾以對。[10] 事實上，不少圍村已經沒有「煮山頭」的傳統，就算仍然拜祭祖先，但不會再現場煮盆及打盆，而是向盆菜專門店購買。鄧聯興師傅就指出近年不少過往有「食山頭」傳統的圍村宗族例如龍躍頭、廈村、沙江圍村等的鄧氏族人都不再「煮山頭」，而是向他們購買盆菜祭祖。[11] 雖然他們仍然有在宗祠食盆的習俗，但食盆習俗的其他工序如煮盆、打盆逐漸少見，從而得知食盆這種文化的保育恐怕面臨挑戰。

食盆這項傳統文化建基於宗族群體的維繫和共同感的建立上，故其能否傳承下去，關鍵取決於下一代是否視維繫宗族為一件重要的事情。若是只有盆菜的烹煮技術能傳承下去，但其背後的宗族文化卻未能得到保留，圍村的盆菜便會失去其內在價值，與快餐店的商業盆菜無異。

但正如前文提到，傳統是一個動態的概念，會不斷地被修正和詮釋以適應新的時代。我們今日所認知的「傳統」皆是有所修正過，圍村盆菜亦是如此。圍村盆菜宴會過去多只允許村中的年長男性參與；但到了現在，盆菜儀式歡迎村中所有成員參與，甚至允許宗族成員帶同朋友入席。以龍鼓灘的「食山頭」儀式為例，受訪者指出「食山頭」

---

10 伍鳳常：〈拜祭儀式與世代變遷：新界圍村研究〉，載張少強、梁啟智、陳嘉銘主編：《香港・城市・想像》（香港：匯智出版社，2013），頁 94–108。
11 鄧聯興師傅訪問稿，2022 年 10 月 9 日。

圖 93　現時不少「食山頭」已經容許外人參加。

圖 94　1950 至 1960 年代上水「食山頭」前煮盆的照片（圖片來源：
香港歷史博物館藏品，香港特別行政區政府准予複製）。

過往的參與人數一直只有 40 至 50 人，但在交通及經濟環境改善後，
參與人數大增，甚至不少外人也參與其中，人數有時超過 200 人。[12] 有
參與「食山頭」的受訪者表示他們參與食盆的原因是希望與舊朋友敘
舊，也有非宗族成員的參與者表示自己參與的原因是為了「玩下」（玩
耍一下），體驗傳統鄉村文化。當今日的圍村比以往開放時，食盆由以
往扮演祖宗與宗族成員間連繫者的角色，延伸至不只族內，同時也是
宗族與外人搭建聯繫的重要橋樑。儘管這與強化宗族意識的目的略有

12　鄧氏王叔訪問稿，2021 年 10 月 10 日。

不同，但也帶出了凝聚人們的意義，可見新的聯繫正在豐富這項傳統的內涵。

食盆，不僅僅是一門烹煮技術，更是一項活生生的文明。這項非物質文化遺產在未來或許會以不同的面貌被傳承下來，但這不代表傳統會隨著時代變遷而消逝，反倒會一再證明傳統具備創新和靈活的一面。或許在一百年後時空下的香港人眼中，食盆這項傳統習俗會與我們今日所認知的食盆大相徑庭，但願這本書可以為 21 世紀的香港食盆文化留下一個記錄，讓未來的人們得以回溯這個世紀時空下的食盆面貌，協助他們追溯這項文化的根源和變遷；同時，希望這本書能吸引當代讀者的思考，一起探索和展望有關這項非物質文化遺產的長遠保育。

參考資料

書籍

Anderson, Benedict. *Imagined Communities: Reflections on the Origin and Spread of Bationalism*, revised ed. London: Verso, 1991.

Baker, Hugh D. R. *A Chinese Lineage Village: Sheung Shui*. London: Frank Cass, 1968.

Chan, Kwok Shing. *A Localized Culture of Welfare: Entitlements, Stratification, and Identity in a Chinese Lineage Village*. Lanham: Lexington Books, 2012.

Faure, David. *The Structure of Chinese Rural Society: Lineage and Village in the Eastern New Territories*. Hong Kong: Oxford University Press, 1986.

Gadamer, Hans-Georg. *Truth and Method*, 2nd revised edition. New York: Continuum, 2004.

Hobsbawm, E. J. and Ranger, T. O., eds. *The Invention of Tradition*. Cambridge: Cambridge University Press, 1992.

Potter, Jack M. *Capitalism and the Chinese Peasant: Social and Economic Change in a Hong Kong Village*. Berkeley: University of California Press, 1968.

Skeldon, Ronald, ed. *Reluctant Exiles?: Migration from Hong Kong and the New Overseas Chinese*. New York: M. E. Sharpe, 1994.

Turner, Victor W. *From Ritual to Theatre: The Human Seriousness of Play*. New York: Performing Arts Journal Publications, 1982.

van Gennep, Arnold. *The Rites of Passage*. Chicago: University of Chicago Press, 1960.

Watson, Rubie S. *Inequality Among Brothers: Class and Kinship in South China*. Cambridge: Cambridge University Press, 1985.

甲申年醮務委員會編:《廈村鄉約甲申年建醮特刊》,香港:廈村鄉約甲申年醮務委員會,2004。

《沙田古今風貌》編輯委員會:《沙田古今風貌》,香港:沙田區議會,1997。

科大衛著,卜永堅譯:《皇帝和祖宗:華南的國家與宗族》,南京:江蘇人民出版社,2010。

財團法人中華飲食文化基金會編:《食之承繼:飲食文化與無形文化資產》,台中:文化部文化資產局,2021。

陳國成:《香港地區史研究之三:粉嶺(增訂版)》,香港:三聯書店,2019。

廈村鄉友恭堂:《廈村鄉友恭堂鄧氏宗祠重修進火特刊》,香港:廈村鄉友恭堂,2012。

華琛、華若璧著,張婉麗、盛思維譯:《鄉土香港 —— 新界的政治、性別及禮儀》,香港:香港中文大學出版社,2011。

廖迪生、盧惠玲編,鄧聖時輯:《風水與文物:香港新界屏山鄧氏稔灣祖墓搬遷事件文獻彙編》,香港:香港科技大學華南研究中心,2007。

劉智鵬、黃君健主編:《九大簋 —— 香港客家傳統飲食文化》,香港:新界鄉議局,2021。

蔡志祥、韋錦新編:《延續與變革:香港社區建醮傳統的民族誌》,香港:香港中文大學出版社,2014。

衛慶祥：《沙田文物誌》，香港：沙田民政事務處，2007。

鄧昌宇、彭淑敏、區志堅、林皓賢編著：《屏山故事》，香港：中華書局，
　　2012。

鄧達智、鄧桂香：《元朗四季好日子》，香港：萬里機構，2013。

盧惠玲、張兆和編，鄧聖時輯：《書寫屏山：香港新界屏山鄧氏宗族表述
　　本土歷史文化傳統文獻彙編》，上冊，香港：香港科技大學華南研究
　　中心，2013。

薛浩然：《新界小型屋宇政策研究 —— 歷史、現狀與前瞻》，香港：新界
　　鄉議局研究中心，2016。

薛興國：《再吃一碗文化》，香港：明窗出版社，2003。

譚潔儀：《港人港菜：15 道港菜背後的香港故事》，香港：萬里機構，
　　2017。

蘇萬興：《坐言集之屏山鄧族》，香港：超媒體，2008。

文章 / 論文

Baker, Hugh D. R. "The Five Great Clans of the New Territories."
Journal of the Hong Kong Branch of the Royal Asiatic Society,
vol. 6 (1966), pp. 25–48.

Chan, Kwok Shing. "Poonchoi: The Production and Popularity of a
Rural Festive Cuisine in Urban and Modern Hong Kong." In *Food
and Foodways in Asia: Resource, Tradition and Cooking*, eds.
Sidney C. H. Cheung and Tan Chee-Beng, pp. 171–188. London:
Routledge, 2007.

Chan, Kwok Shing. "Traditionality and Hybridity: A Village Cuisine in Metropolitan Hong Kong." *Visual Anthropology*, vol. 24, no. 1–2 (2011), pp. 171–188.

Chan, Selina Ching. "Colonial Policy in a Borrowed Place and Time: Invented Tradition in the New Territories of Hong Kong." *European Planning Studies*, vol. 7, no. 2 (1999), pp. 231–241.

Chan, Selina Ching. "Food, Memories, and Identities in Hong Kong." *Global Studies in Culture and Power*, vol. 17, no. 2–3 (2010), pp. 204–227.

Cheung, Sidney C. H. "Consuming 'Low' Cuisine after Hong Kong's Handover: Village Banquets and Private Kitchens." *Asian Studies Review*, vol. 29, no. 3 (2005), pp. 259–273.

Mintz, Sidney W. and Du Bois, Christine M. "The Anthropology of Food and Eating." *Annual Review of Anthropology*, vol. 31 (2002), pp. 99–119.

Smart, Josephine. "Cognac and Pool-choi 盆菜 : A Social History of the Invention of Hong Kong Tradition in Festive Food Culture." In *The Proceedings of The 9th Symposium on Chinese Dietary Culture* (第九屆中華飲食文化學術研討會論文集), pp. 27–60. Tainan: Foundation of Chinese Dietary Culture, 2006.

Tajfel, Henri and Turner, John. "An Integrative Theory of Intergroup Conflict." In *The Social Psychology of Intergroup Relations*, eds. William G. Austin and Stephen Worchel, pp. 33–47. Monterey, CA: Brooks/Cole, 1979.

Watson, James L. "Chinese Kinship Reconsidered: Anthropological Perspectives on Historical Research." *China Quarterly*, no. 92 (Dec. 1982), pp. 589–622.

Watson, James L. "From the Common Pot: Feasting with Equals in Chinese Society." *Anthropos*, vol. 82, no. 4/6 (1987), pp. 389–401.

Watson, James L. "Meat: A Cultural Biography in (South) China." In *Food Consumption in Global Perspective: Essays in the Anthropology of Food in Honour of Jack Goody*, eds. Jakob A. Klein and Anne Murcott, pp. 25–44. London: Palgrave Macmillan, 2014.

Watson, James L. "Pigs from the Ancestors: Cantonese Ancestral Rites, Long-term Change, and the Family Revolution." Unpublished Essay, 2022.

也斯：〈吃盆菜〉,《文學世紀》,總第 12 期（2002 年 3 月）。

伍鳳常：〈拜祭儀式與世代變遷：新界圍村研究〉,載張少強、梁啟智、陳嘉銘主編：《香港‧城市‧想像》,頁 94–108,香港：匯智出版社,2013。

林海聰：〈分餐與共食 —— 關於中國近代以來的漢族飲食風俗變革考論〉,《民俗研究》,2015 年第 1 期,頁 112–120。

科大衛：〈祠堂與家廟：從宋末到明中葉宗族禮儀的演變〉,《歷史人類學學刊》,第 1 卷,第 2 期（2003 年 10 月）,頁 1–20。

溫明：〈盆菜〉,《詩雙月刊》,第 1 卷,第 4 期（1990 年 2 月）。

廖迪生：〈食盆與盆菜：非物質文化遺產脈絡中的香港鄉土菜〉,載財團法人中華飲食文化基金會編：《食之承繼：飲食文化與無形文化資產》,頁 179–208,台中：文化部文化資產局,2021。

劉皇發：〈在國務院港澳辦公室姬鵬飛主任接見本團時的演講辭〉（1984 年
　　5 月 3 日），載新界鄉議局編：《新界鄉議局成立六十週年慶典特刊
　　（1926–1986）》，頁 169，香港：新界鄉議局，1986。
鄺智文：〈從「新界人」到「原居民」：英治時期香港新界村民的身份建
　　構〉，《香港社會科學學報》，第 52 期（2018），頁 39–72。

族譜

《鄧氏族譜》，屏山鄧族文物館藏。

網頁

《大戴禮記》，卷 58，〈曾子天圓〉，中國哲學書電子化計劃，https://
　　ctext.org/da-dai-li-ji/ceng-zi-tian-yuan/zh，瀏覽日期：2023 年
　　12 月 1 日。
《周禮・天官冢宰》，中國哲學書電子化計劃，https://ctext.org/rites-
　　of-zhou/tian-guan-zhong-zai/zh，瀏覽日期：2023 年 12 月 1 日。
屈大均：《廣東新語》，卷 17，〈宮語〉，中國哲學書電子化計劃，https://
　　ctext.org/wiki.pl?if=gb&chapter=93304，瀏覽日期：2023 年 11 月
　　27 日。
〈政務司司長出席慶回歸千人盆菜宴暨「一帶一路」多元文化嘉年華致辭
　　全文〉，2017 年 12 月 23 日，香港政府新聞網，https://www.info.
　　gov.hk/gia/general/201712/23/P2017122300504.htm，瀏覽日期：
　　2023 年 7 月 22 日。

「香港記憶」網頁，https://www.hkmemory.hk/MHK/collections/
　　local_festivals/festivals/lunar1/1_2/index_cht.html，瀏覽日期：
　　2022 年 7 月 15 日。

〈粉嶺圍〉，香港賽馬會「港文化‧港創意」網頁，https://had18.
　　huluhk.org/article-detail.php?id=518&lang=tc，瀏覽日期：2022
　　年 7 月 15 日。

梁子謙：〈高中通識教育科知識增益及學與教策略：香港的農業發
　　展〉，2017 年 2 月 23 日，https://ls.edb.hkedcity.net/get_file.
　　php?path=teacher/pt_course_materials/knowledge_enrichme
　　nt/1617/20170223/20170223_2.pdf，瀏覽日期：2023 年 12 月 1 日。

〈圍村盆菜　80 後接父棒掌舵〉，2016 年 2 月 7 日，SundayKiss，
　　https://www.sundaykiss.com/96228/?utm_campaign=Kiss_
　　ContentCopy&utm_source=Web-inventory&utm_
　　medium=Content-Copy_Kiss，瀏覽日期：2022 年 9 月 15 日。

趙爾巽：《清史稿》，志 57，中國哲學書電子化計劃，https://ctext.org/
　　wiki.pl?if=gb&chapter=288828，瀏覽日期：2023 年 12 月 1 日。

《禮記‧王制》，中國哲學書電子化計劃，https://ctext.org/liji/wang-
　　zhi/zh，瀏覽日期：2023 年 12 月 1 日。

報告

"Annual Department Report by the District Commissioner, New
　　Territories," 1955.

《1950 年香港年鑑》，香港：華僑日報出版部，1950。

《1961 年香港年鑑》，香港：華僑日報出版部，1961。

《1976 年香港年報》，香港：政府新聞處，1977。

《1976 年香港年鑑》，香港：華僑日報出版部，1976。

《1981 年香港年鑑》，香港：華僑日報出版部，1981。

報章雜誌

〈八鄉盆菜宴迎回歸〉，《文匯報》，1997 年 4 月 28 日。

〈十八鄉水蕉新村程族子孫　祭畢祖坟後　在村內大宴〉，《華僑日報》，
　　1962 年 4 月 8 日。

〈大家樂創新口味「龍蝦大盆菜」〉，《明報》，2001 年 1 月 14 日。

〈【元朗盆菜】80 後接手圍村盆菜生意　豬肉軟腍全靠發酵南乳〉，《蘋果
　　日報》，2019 年 1 月 25 日。

〈冬令中西美食精選　美麗華東西宮呈獻〉，《大公報》，2001 年 1 月 4 日。

〈快餐店推賀年中菜外賣〉，《大公報》，2001 年 1 月 10 日。

〈社會開放元宵佳話不如前　新界圍村仍保留傳統〉，《華僑日報》，1988
　　年 3 月 7 日。

〈建立社區基礎居民打成一片　沙田節獲十萬人參與〉，《華僑日報》，
　　1990 年 1 月 15 日。

〈盆菜宴叫好又叫座〉，《星島日報》，1998 年 11 月 30 日。

〈盆菜師傅楊九　守住舌尖上的鄉村記憶〉，《文匯報》，2023 年 1 月 27 日。

〈香港 BNO 移民潮：戰後港人歷次「走出去」的因由〉，《BBC News 中
　　文》，2021 年 2 月 1 日。

〈旅遊發展局出書弘揚文化精粹　傳統節慶成遊港賣點〉，《星島日報》，
　　2001 年 5 月 21 日。

〈特首嘗盆菜　官民聚鄉情〉，《大公報》，1999 年 10 月 29 日。

〈粉嶺圍開年：八百年習俗　搶雞毛吉利〉，《蘋果日報》，2013 年 2 月 11
　　日。

〈推出傳統美食及盆菜　今年沙田節籌辦菊花展　並擬邀粵省紅線女參
　　加〉，《華僑日報》，1989 年 3 月 6 日。

〈添馬艦千人盆菜宴　旅協月底舉辦　吸引遊客市民同饗〉，《大公報》，
　　1998 年 11 月 16 日。

〈添馬艦活動豐富展示「動感」〉，《文匯報》，1998 年 10 月 5 日。

〈眾筷齊下細嘗盆一大盆歷史〉，《亞洲週刊》，第 5 卷，第 41 期（1991 年
　　10 月 20 日），頁 51。

〈港督在國際社會工作聯會稱鄉村人口湧入市區成為本港發展難題〉，《工
　　商日報》，1975 年 9 月 2 日。

〈鄉局 70 大慶辦萬人盆菜宴〉，《文匯報》，1996 年 10 月 20 日。

〈鄉村美食嘉年華 —— 共冶新界傳統佳餚一爐〉，《旅業之聲》，第 139 期
　　（1988 年 8 月），頁 12–13。

〈【飲食籽】從賣麵到做盆菜　家族麵店屹立瀝源半世紀〉，《蘋果日報》，
　　2018 年 1 月 30 日。

黃家和：〈香港漁農餐飲萬人盆菜宴意義重大〉，《雜貨月刊》，2004 年 1
　　月號。

〈新地開千人盆菜宴〉，《文匯報》，1999 年 3 月 7 日。

〈新界人「吃盆」慶元宵〉，《華僑日報》，1988 年 2 月 28 日。

〈新界青年申請赴英就業仍多　今年已額滿　旅英鄉僑家屬申請則放寬〉，
　　《華僑日報》，1971 年 10 月 16 日。

〈新界鄉紳訪問北京　將晤更高領導人〉，《華僑日報》，1983 年 1 月 14 日。

〈【農曆新年 2022】子承父業　傳統盆菜帶來「家」的味道〉，《Metro
　　Pop》，2022 年 1 月 6 日。

〈獨樹一幟話「盤菜」〉,《樂怡生活》,2017 年 12 月 20 日。

〈舊機場大堂將擺設盆菜宴〉,《明報》,1999 年 1 月 19 日。

影片

〈果籽:本地盤菜 —— 沙田盛記元祖九大簋 / 元朗洪水橋圍村 / 大尾篤忠
　　誠健康素盆菜 / 吳師府私房菜 2020〉,《蘋果日報》,https://www.
　　youtube.com/watch?v=_ajTbZ64lCA&t=193s,瀏覽日期:2023 年
　　9 月 6 日。

〈【籽想好食】探索香港盤菜　前身原來就係九大簋元祖圍村村長
　　人情味炮製 50 年〉,《壹週刊》,https://m.facebook.com/
　　watch/?v=851793932304476&_rdr,瀏覽日期:2022 年 6 月 1 日。

〈原鄉情濃〉,2000 年,《滋味人生》節目,香港電台。

附錄一：元朗屏山鄧氏部分祭祖
風水地形及祭祖日期

（載於《鄧氏族譜》）

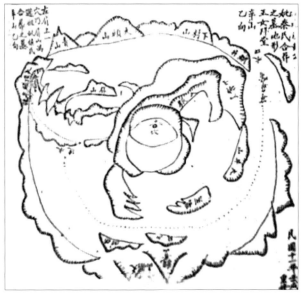

風水地形：玉女拜堂。
農曆九月十七在丫髻山拜祭鄧氏始祖承務鄧漢黻、姚安人
秦氏。

風水地形：金鐘覆火。
農曆九月十七在元朗山拜祭鄧氏二世祖考末貢元粵冠公、
姚孺人詹氏。

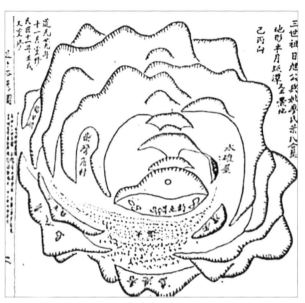

風水地形：半月照潭（鸞池）。
農曆九月十九在曹公潭拜祭鄧氏三世祖考未文林郎日旭
公、妣安人葉氏、廖氏。

風水地形：仙人大座。
農曆九月十七在丫髻山拜祭四世祖考未進士陽春縣令符協
公、妣安人廖氏、胡氏。

食盆

風水地形：狐狸過水。
農曆九月初十在元朗凹頭拜祭二世祖考萬里祖、姚鄭氏。

風水地形：虎地。
農曆九月初二在屯門虎地拜祭明十三世祖考彥祥鄧公；明十五世祖姚鄭氏孺人。

風水地形：風吹羅帶。
農曆九月初二拜祭明十三世祖妣丘氏孺人。

風水地形：飛雁喞柴。
農曆九月初一拜祭明十四考原肇鄧公、妣吳氏孺人。

風水地形：望碑記。
農曆九月廿九在屏山後地拜祭明冠帶壽官十世祖鄧公松波府君、母鄭氏孺人。

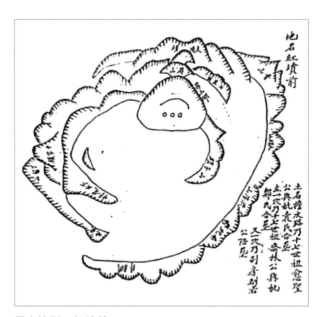

風水地形：紅墳前。
農曆九月十五在擔水路拜祭十一世祖考愈聖公、妣孺人袁氏；十一世祖考喬林公、妣孺人鄭氏、十五世祖馴若公（長房陪葬）。

風水地形：丹鳳啣書。
農曆九月十二在水蕉牛練塘拜祭十一世祖妣劉氏、十三世祖南屏公、妣孺人廖氏、明十三世祖庶妣鄧太母黃氏孺人。

風水地形：回頭鳳。
農曆九月十五在七星岡拜祭十一世祖考喬林公側室妣黃氏。

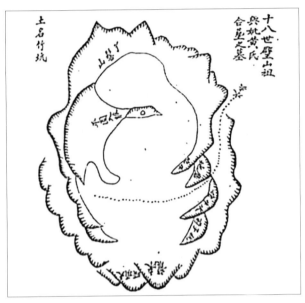

風水地形：竹坑。
農曆九月廿八日拜祭明壽官十二世祖諱橡號璧山鄧公、姚淑德孺人黃氏。

附錄二：屯門龍鼓灘食山頭照片

（攝於元朗屏山維新堂及屯門龍鼓灘山頭，2021 年 10 月 10 日。）

煮盆

因懸掛三號強風信號的關係，鄧氏把祭祖後「食山頭」的環節移遷至祖堂維新堂進行，屠房的車把豬肉運到後，大部分的豬肉便被斬成塊狀。

維新堂的柴火爐灶

烹煮豬肉

烹煮豬肉

烹煮豬肉

烹煮豬肉

烹煮枝竹

烹煮魷魚

打盆

助手把筍蝦放進盆子裏打盆

助手將豬皮、魷魚等食材放進盆子

將豬肉放進盆內

祭祀

在師傅在祠堂廚房煮盆的同時，多位同族兄弟帶著全隻生豬和各式祭品前往龍鼓灘祭祖。

祭祀大約早上 9 時開始，照哥和同族兄弟在祖墓前擺放好五杯茶、五杯酒、五碗飯、五碗湯（煮有紅棗和粉絲的湯）、五生（五種生的豬內臟）、五熟（五種煮熟了的豬內臟）、祭祀的糕餅和水果，還有整頭生豬。

已登記姓名的鄧氏後人陸續在維新堂的中庭聚集，子孫們從維新堂中庭的後門走進廚房取盆菜，再從廚房正門離開，流水式作業。僅約 15 分鐘，所有盆菜已分發完畢，鄧氏子孫們均將盆菜取回家享用。

附錄三：荃灣蓮花山食山頭照片

（攝於荃灣蓮花山山頭，2021 年 10 月 25 日。）

祭祀

墓碑前依次排好祭品：五杯茶、五杯酒、五碗飯、五過水（煮有紅棗和粉絲的湯，過去湯中還會有用粉團切成的丸子，但現已絕跡）、五生（五種生的豬內臟）、五熟（五種煮熟了的豬內臟）、五種生果，還有整頭生豬。

在祖先墳前插上三枝大香，大香左右各一枝紅燭，大香前再插上三束線香。

在祖墳前，向祖先奠茶酒，三叩首，焚燒紙錢。

禮畢，把生豬抬回煮盆的空地給鄧師傅煮盆，同時柏哥圍著祖墳和后土撒上用來預防蟲蟻的白灰。

煮盆

女工即場把生豬斬件切細

加入南乳、麵豉、洋蔥、片糖、薑、蒜等
調味配料於兩隻大鑊中，燜煮豬肉。

在臨時搭建的灶頭上煮豬肉

附錄四：元朗厦村煮盆照片

（攝於元朗厦村，2022 年 10 月 2 日。）

烹煮工序

男助手把豬肉過肥的部分用菜刀切去，再把豬肉切成條狀放回膠盆。

師傅提到他們選用的豬肉是「三層肉」，有肥肉、瘦肉及豬皮三層。

過往煮盆是用鯪魚肉加鮫魚肉並親自打成的傳統魚蛋，惟現在鮫魚的來貨不穩，故轉用白魚蛋。

師傅把大鍋中浸熟的白切雞撈起，分批放在數個大的金屬盆上備用。

師傅烹調豬肉

師傅烹調豬肉

在燜煮豬肉期間，師傅把魷魚放入加了酒
煮開的開水中汆燙，給魷魚「汆水」。

助手炸芋頭

冬菇厚身而大顆的，煮至被黏稠的醬汁包裹及入味。

助手幫忙給枝竹「氽水」

師傅把豬肉汁加入燜門鱔的鑊中，使燜門鱔的味道更香。

門鱔乾由黃鱔曬乾而成的，師傅採用的門鱔乾厚身且大塊；在燜煮前需要先把門鱔乾蒸煮，使其肉質變軟。

給豬皮「汆水」，以洗去豬皮表面的黏滑物，去除豬皮的腥味。

炸魷魚

以醬汁把枝竹煮至入味後撈起，瀝出多餘的醬汁。

師傅提及夏天時煮盆菜是不會放豆卜的，因豆卜容易受天氣影響而變壞。

汆燙白魚丸來去除魚丸的腥味

助手從鑊中撈起以醬汁炒過的大蝦

師傅把白切雞切件，被切成小塊的雞件以
半隻雞為一組放在碟上。

打盆

盆菜的食材從底層到頂層，首先依序分別是白蘿蔔、枝竹和豆卜。

疊上豬皮、魷魚、門鱔乾和已拌過燜豬肉汁的炸芋頭。

放上燜豬肉，豬肉上放上十數顆白魚丸，再放上十數隻冬菇於中間。

每大盆放上十隻大蝦，小盆六隻大蝦，把大蝦沿鏚盆邊緣對稱擺放。

食材中間放上一隻已切件的白切雞，再在雞件上放一兩棵芫茜作點綴，大功告成。

附錄五：粉嶺圍煮盆照片

（攝於粉嶺圍，2022 年 2 月 4 日。）

助手從柴火灶頭上的兩隻大鑊中盛飯

助手把燒豬切件

助手幫忙在鑊中加水和調味料，預備烹煮盆菜食材。

師傅烹調豆卜

師傅正在炒豆卜和炸門鱔，助手幫忙把蔥倒入鑊中。

師傅把烹煮好的豆卜燜門鱔盛入空盆中待用

烹調中的魷魚炒西芹

助手往盛有薑絲的碗中倒入米酒，製成薑汁酒。

師傅為燜豬肉加入醬料

給燜豬肉加水

寓意添丁的慈姑

與木耳、枝竹、慈姑和豬皮等材料一起燜
煮的豬肉。

助手幫忙在鑊中加水和調味料，預備烹煮
盆菜食材。

助手把各項食材依序放入盆中，製成盆菜。

附錄六：沙田小瀝源村煮盆照片

（攝於沙田小瀝源村，2022 年 7 月 10 日。）

師傅把南乳、磨豉醬、八角、小茴、桂皮攪拌至均勻，成為煮豬肉用的混合醬。

師傅往生鐵鑊舀了一水勺的水到鑊中煮沸，用以煮豬肉。

豬肉塊在鑊中鋪成圓圈狀，中間留有一個洞，師傅在豬肉上鋪蒜蓉。

師傅在豬肉上澆上混合醬

兩位女助手用剪刀剪掉蝦頭的尖刺，並在蝦肚上剪一刀。

正在炸芋頭的細 B 哥

師傅給預先塗上蛋漿再雪藏的門鱔塊解凍

把門鱔放入滾油中炸

炸至金黃的門鱔

把蠔豉倒在滾油裏炸

以蠔油和其他調味料炒過的炸蠔豉

用鐵湯勺從豬肉塊中間的洞中舀出多餘的水

在豬肉塊上灑上紅糖作調味

燜豬肉

師傅把鑊中的豬肉炒至被醬汁均勻地包裹

烹煮冬菇

烹煮鹹菜炒木耳

經料理的枝竹

烹煮豆卜

烹調好的豬皮

只會在喜慶節日作為盆菜食材的髮菜

在炸過的大蝦上澆上師傅所調的「蝦汁」

助手們幫忙打盆

食材依序放入鍗盆中

助手們幫忙打盆

助手們會以飯碗幫助打盆，使食材擺放得更美觀整齊。

助手們以飯碗打盆

為盆菜逐層疊放食材

為盆菜逐層疊放食材

為盆菜逐層疊放食材

大功告成的盆菜

鳴謝名單

研究團隊成員／學生助理
　　吳文洛先生
　　李杏言先生
　　黃楚喬小姐

元朗屏山村民
　　鄧聯興先生
　　鄧東照先生
　　鄧健鵬先生
　　鄧齊安先生

元朗厦村村民
　　鄧浩存先生

粉嶺圍村民
　　彭坤穩先生

沙田小瀝源村村民
　　楊九先生
　　張文強先生

學術伙伴

　　郭錦州博士

　　彭淑敏博士

照片提供

　　陳普森先生

　　華琛教授（J. L. Watson）

組織

　　Taylor & Francis Group

　　大公報

　　非物質文化遺產辦事處

　　南華早報

　　香港文化博物館

　　香港旅遊發展局

　　香港測繪處

　　香港郵政

　　香港歷史博物館

封面圖片

圖片由哈佛大學退休教授華琛（J. L. Watson）於 1969 年元朗新田文氏宗族進行田野調查時拍攝。

盆菜源於新界圍村，照片清楚顯示村民正在祠堂吃盆菜，沒有女性參與。這充分體現食盆在該年代於圍村的意義、環境，以及村民與食物之間的關係。這張照片已有半個世紀的歷史，具相當的歷史價值。

封面圖片由華琛教授（J. L. Watson）提供，攝於香港新界新田，1969 年。
Cover photo by J. L. Watson, San Tin Village, Hong Kong New Territories, 1969.

香港非物質文化遺產系列

食盆

鍾寶賢　陳國成　著

策劃編輯	梁偉基
責任編輯	朱卓詠
書籍設計	陳朗思
書籍排版	陳先英

出　　版	三聯書店（香港）有限公司
	香港北角英皇道四九九號北角工業大廈二十樓
香港發行	香港聯合書刊物流有限公司
	香港新界荃灣德士古道二二〇至二四八號十六樓
印　　刷	寶華數碼印刷有限公司
	香港柴灣吉勝街四十五號四樓 A 室
版　　次	二〇二四年七月香港第一版第一次印刷
規　　格	大十六開（178 mm × 287 mm）二三二面
國際書號	ISBN 978-962-04-5517-9